21 ВЕК:
НОВОЕ ПРОЧТЕНИЕ
НОВОГО ЗАВЕТА

21 век:
Новое прочтение
Нового Завета

Наталия Пулло

2012

Order this book online at www.trafford.com
or email orders@trafford.com

Most Trafford titles are also available at major online book retailers.

Printed in the United States of America.

ISBN: 978-1-4269-7345-1 (sc)
ISBN: 978-1-4269-7344-4 (hc)
ISBN: 978-1-4269-7346-8 (e)

Library of Congress Control Number: 2011912825

Trafford rev. 04/26/2012

 www.trafford.com

North America & international
toll-free: 1 888 232 4444 (USA & Canada)
phone: 250 383 6864 ♦ fax: 812 355 4082

*Моему дорогому сыну,
без которого эта книга
никогда не была бы написана*

Другие произведения Н.В.Пулло:

The 21st Century: New Reading of New Testament

Книга *в трех словах*

Стихи

Специалист по нестандартным решениям

С точки зрения женщины

Сегодня

Другое...

Школа драконов

Недетские сказки

Научные статьи

Я хочу поблагодарить моего сына, который явился причиной того, что эта книга была написана, и мою маму, которая вдохновляла меня и помогала в работе. Я благодарю профессора теологии Пера Бильде, Дания, который предоставил последние недостающие сведения, мою сестру Лору Чистякову, Узбекистан, за помощь при работе с текстом и Виталия Беликова, Россия, за помощь с изданием книги.

Я хочу выразить особую благодарность сотрудникам каналов Би-би-си и Национальная География (National Geographic), которые подготовили и выпустили большое количество исторических и этнографических программ, что очень помогло мне в исследовании. К сожалению, у меня не сохранились названия этих программ и имена их авторов, которым я, тем не менее, выражаю свою глубокую признательность.

Оглавление

Предисловие

*...в определенные эпохи, когда деятельность
Солнца значительно и резко повышается, мы
констатируем одновременный подъем нервно-
психической возбудимости больших человеческих
масс, выражающийся в увеличении числа массовых
движений, психических и психопатических
эпидемий.*

А.Л.Чижевский
Солнечные пятна и психозы
(Гелиопсихология)
1928

Вне зависимости от того, верующие мы или нет, нам всем знакомо имя Иисуса Христа. Сложно найти другого человека, оставившую в истроии нашей цивилизации настолько же глубокий след. В самом деле, даже само времяисчисление мы поставили в зависимость от Его жизни, определив началом так называемой *нашей эры* предполагаемую дату Его рождения. Все, что происходило до тех пор, мы помечаем количеством лет, ведя их отсчет в обратную сторону и добавляя буквы «до н.э.», означающие «*до нашей эры*». Если событие произошло позднее указанной даты и принадлежат *нашей эре*, мы считем годы по возрастающей и ставим соответствующую пометку «н.э.» или подразумеваем ее.

Конечно, на сегодняшний день в мире существуют и другие системы летоисчисления, но все же на документах, имеющих международное значение, указывается именно эта дата: количество лет, прошедшее от предполагаемой даты рождения Иисуса Христа.

Дважды в год миллионы людей во всех уголках мира отмечают события Его жизни: рождение, или Рождество, и воскрешение, или Пасху; причем верит ли человек в реальность этих событий и правильность учения Христа при этом значения не имеет.

Представляется, что эти события явились поворотным пунктом нашей истории, нашей культуры и нашей цивилизации; поэтому совершенно естественно, что события древней истории вызывают интерес не только у историков, но и у многих других людей, не имеющих к истории прямого отношения. И все же, что на самом деле известно о событиях, происходивших той давней весной в Иерусалиме?

Если говорить о жизни и деятельности Иисуса Христа, то, как правило, бо́льшая часть наших представлений о Его жизни базируется на четырех канонических евангелиях, входящих в Новый Завет. Это евангелия от Матфея, Марка, Луки и Иоанна. Те, кто интересовался историей более подробно, вероятно, читал также некоторые апокрифы[1]; их в настоящее время известно достаточно много. Все эти источники освещают события по-разному, чем-то дополняя, а в чем-то противореча друг другу; причем каждое евангелие, а их на сегодняшний день известно около тридцати, рассказывает о происшедшем по-своему. Это и понятно, запись велась не очевидцами, причем производилась через много лет после описываемых событий. Никто из современников не мог в то время осознавать важности происходящего и предвидеть, какое влияние эти события окажут на историю, культуру и, в конечном итоге, на всю нашу цивилизацию.

Хотя, наверное, правильнее будет сказать, что мы пока еще не нашли рукописи, касающиеся этих событий и сделанные очевидцами в то время, когда они происходили; и мы не знаем, сохранились ли до нашего времени подобные рукописи, а если да, то где их искать.

Специалисты утверждают, что первое письменное евангелие[2], текст которого, к сожалению, не сохранился, было написано примерно в 55 – 65 гг. н.э., т.е. намного позже казни Иисуса Христа. Тексты дошедших до нас евангелий были созданы еще позднее.

За прошедшие тысячелетия евангельские тексты неоднократно переписывалась. Лингвисты, анализировавшие их язык, утверждают, что авторство в пределах даже одного текста принадлежит разным людям. Вполне возможно, что при переписке в отдельные части текста вносились изменения, о чем говорят различия в стиле письма и языка оригиналов.

Помимо письменных источников, история передавалась из уст в уста, переходя от одного рассказчика к другому. Таким образом, существует большая вероятность того, что некоторые рассказчики добавляли что-то от себя, несколько видоизменяя услышанный вариант. То же самое можно сказать и о работе переписчиков.

Происходило это не по чьей-либо злой воле; услышав историю, почти невозможно передать ее буквально. Во-первых, кто может запомнить услышанный рассказ с точностью до единого слова? Во-вторых, крайне сложно удержаться и не добавить что-нибудь от себя, чтобы сделать историю еще более захватывающей и интересной.

Люди любят хорошие истории, в каком бы веке они ни жили. Можно даже сказать, что рассказчик не может считаться хорошим, если не умеет приукрасить свой рассказ. Вот и добавляют рассказчики детали, не существующие в первоначальной версии, или «исправляют» ситуации, представляющиеся им непонятными или неверными. Писатель – тот же рассказчик, только в роли слушателя у него выступает лежащий перед ним чистый лист папируса, пергамента или бумаги.

Все это происходит и в наши дни, что все мы хорошо знаем. Именно поэтому, хотя нам, зачастую, и доставляют удовольствие истории, услышанные от знакомых или из СМИ, мы не всегда им доверяем, а если и доверяем, то не в полной мере. Как говорится, дели услышанное на десять, а то и на восемнадцать.

При этом хорошо известно, что любая увлекательная история зачастую обрастает слухами, а порой и сплетнями, и в результате преобразуется настолько, что становится практически неузнаваемой. Это явление называется склонностью людей к мифотворчеству. Если же мы говорим о событиях, которые произошли в давние или древние времена, то при этом необходимо еще дополнительно учитывать влияние фактора времени, которое проявляется тем сильнее, чем более отдалено от нас по времени описываемое событие. Так рождаются мифы и легенды.

Принимая во внимание все вышесказанное, можно сделать вывод: нет ничего удивительного в том, что существует множество версий одной истории.

Со времени описываемых событий прошло 2000 лет. Ни документально, ни каким-либо иным способом мы пока не в состоянии достоверно определить, что же произошло тогда на самом деле. Известны лишь основные действующие лица, примерные место и время событий и ориентировочно то, что произошло. Саму же историю мы можем либо принимать на веру, либо нет, отнеся ее к категории сказок, мифов и легенд.

А можно поступить с историей иначе. Можно собрать вместе крупицы информации, разбросанные по различным рукописям и манускриптам, добавить то, что нам известно об исторической обстановке того времени и о событиях, происходивших в стране, о структуре общества и о культурных традициях людей, составлявших его; о личности человека и его психологии; о мире, в котором мы живем – одним словом, можно попытаться свести воедино все те сведения, которыми мы располагаем на сегодняшний день и, не делая скидку на вмешательство высших сил, попробовать разобраться, что же на самом деле происходило в древней Иудее и закончилось в Иерусалиме той давней весной, когда было положено начало христианству.

Предлагаемая вашему вниманию книга «21 век: Новое прочтение Нового Завета» является результатом этой работы. Исследование посвящено анализу реальных фактов, и вопросы веры в нем не рассматриваются.

Проведенное исследование базируется на анализе древних текстов и на достижениях современной науки, включая работы специалистов по истории древнего мира, этнографии, фольклористики, психологии и др., а также на собственных исследованиях Датской академии человека и природы, в которой я имею честь быть президентом.

Мы приглашаем вас по-новому взглянуть на хорошо известное и вместе проанализировать, насколько правомочной является привычная для нас интерпретация событий, характеров и поступков действующих лиц, а также мотивов их поведения. Возможно, вы согласитесь с нами и разделите нашу точку зрения и интерес к дальнейшим поискам. Возможно, однако, что вы предпочтете сохранить свое видение истории, сточтя нашу версию для себя неприемлемой. Какой бы вариант вы ни выбрали, позвольте выразить надежду, что дальнейшие исследования позволят продвинуться в поисках истины еще дальше.

В своих рассуждениях мы исходим из следующего:

1. В мире нет ничего более постоянного, чем натура человека, то есть то, как человек воспринимает окружающий его мир, других людей, а также связанные с этим эмоции,

ощущения и переживания. Именно поэтому нам понятны и продолжают вызывать интерес произведения таких авторов, как Гомер, Эзоп и др., а со сцен театров мира не сходят пьесы по сюжетам Шекспира, Лопе де Вега и многих других писателей и драматургов, живших столетия назад. Несмотря на прошедшее время, мы понимаем описанные в них жизненные коллизии, так же как и отношения, чувства и переживания их героев.

2. Необходимо придерживаться древних текстов, как основных источников информации;

3. Необходимо учитывать специфику эпохи, страны и культурных традиций народа и общества, в котором все это происходило[3];

4. И, наконец, я исхожу из личного опыта, о котором уже писала [1].

А теперь давайте забудем все данные нам когда-либо объяснения и начнем с самого начала.

Примечания:

1. Апокрифы (греч. ἀπόκρυφος – тайный, скрытый, сокровенный), произведения иудейской и христианской религиозной литературы, посвященные по преимуществу событиям и лицам священной ветхо- и новозаветной, а также церковной истории, не включенные в канон, т.е. не используются при богослужении церковью, а ветхозаветные также иудейской синагогой.
2. Утверждение, что первым письменным евангелием было евангелие от Матфея на иврите, принадлежит Папию. Он же утверждает что текст этого евангелия не сохранился.

Папий Иерапольский или Гиерапольский (греч. Παπίας; ок. 70 – 155 (165)) – канонизированный раннехристианский святой, епископ Иераполя во Фригии; писатель, автор не дошедшего до нас пятитомного труда «*Изложение изречений Господних*» (греч. κυριακῶν λογίων ἐξηγήσις), который сохранился в виде фрагментов и цитат в произведениях других авторов.

3. Представляется немаловажным, что церковь в то время так же не принимала Христа и Его учение, альтернативное на тот момент, как позже и теперь не принимает любые альтернативные направления религии, не совпадающие с официальной точкой зрения; и что именно толпа верующих кричала: «*Распни его!*»

1

ВОПРОСЫ

Я впервые прочитала Новый Завет, когда мне было немногим более десяти лет. Сразу же возникли вопросы, ответы на которые я нигде не могла найти. Эти вопросы продолжали оставаться для меня непонятными даже тогда, когда я выросла. Более того, чем старше я становилась, тем большее недоумение они начинали у меня вызывать. Ощущение, которое я при этом испытывала, можно сравнить, разве что, с зубной болью.

Например, когда мы читаем в евангелиях о том, как Иисус разговаривет с учениками, а также и с другими людьми, можно заметить, что Он *всегда* говорит с ними одинаково, а именно, как учитель в классе с учениками – и только так. Это странно, совершенно не нормально и не естественно.

Видите ли в чем дело, я – преподаватель, моя мама была преподавателем, и мой дед преподавал. Я могу вас уверить: *не может* человек *всегда* разговаривать как учитель в аудитории. *У каждого* есть потребность побыть равным среди равных, поболтать, посмеяться, да и просто отвести душу.

Понимаете в чем дело, учить – это ведь, в сущности, работа, и к тому же работа не из легких. Отсюда мой первый вопрос: *с кем* Иисус разговаривал, как с равным, и *с кем* Он мог просто поболтать?

Несколько классических вопросов: чем занимался Иисус до того момента, когда в свои предположительно 33 года прошел обряд крещения и начал проповедовать новую религию? Что заставило Его оставить ту жизнь, которую Он вел до тех пор? Откуда появлялись у Иисуса те идеи и взгляды, которые Он проповедовал? Почему из всех исцеленных Иисусом женщин только Мария Магдалина оставалась с ним постоянно?

А вот несколько вопросов, касающихся Иуды Искариота. Как утверждают евангельские тексты, Иисус знал о предстоящем предательстве Иуды, о чем и сказал во время Тайной Вечери. Почему же, зная об этом, Иисус не остановил его сам и не позволил это сделать своим ученикам? И раз уж мы с вами заговорили о Тайной Вечере, то почему предсказанное Им тогда же троекратное отречение Петра *никогда* не трактовалось как предательство? Как я уже сказала, давайте забудем все ранее данные объяснения.

Почему Иисус доверяет общую кассу именно Иуде Искариоту? И куда она, кстати, делась после его самоубийства?

Почему Иуда выбросил деньги, которыми ему было заплачено за выдачу Иисуса? Евангелие от Матфея [2] утверждает: Иуда Искариот предал Иисуса, чтобы получить деньги[1]. И что, нам следует поверить тому, что он настолько поменял свою точку зрения, что выбросил их? Деньги, предположительно являвшиеся основным стимулом его поступка? Нам следует принять версию о том, что Иуда внезапно настолько изменился внутренне, что из-за мук совести даже покончил с собой? Нет, это лишено всякого смысла. Тогда *какой* на самом деле была побудительная причина поступка Иуды?

И что это за бред такой, поцелуй Иуды? В жизни не поверю, что в то время между мужчинами было принято так здороваться! Наоборот, к этому времени уже существовало и резко осуждалось понятие гомосексуальности и содомского греха; история Содома и Гоморры уже была написана[2]. Указать на Иисуса можно было любым другим способом, так *почему именно поцелуй?*

И еще один момент, который всегда вызывал у меня удивление: почему Мария Магдалина пошла к пещере, где лежало тело Иисуса, одна или с другими женщинами[3]? Она же должна была прекрасно знать, что вход в пещеру был завален камнем. Она не могла не понимать, что для того, чтобы открыть пещеру, ей понадобится отодвинуть или откатить этот камень, что без посторонней помощи сделать никак не удастся; некоторые источники прямо указывают на эти ее сомнения[4]. Однако согласно написанному в евангелиях, Мария Магдалина пошла к пещере *одна или с другими женщинами*. Почему же она поступила так глупо или так странно?

Эту часть истории разные евангелия рассказывают по-разному, но все они сходятся в одном: именно Марии Магдалине сообщил ангел о воскрешении Иисуса, и именно Марии Магдалине явился Иисус в самый первый раз после своего воскрешения. Это подтверждает: с кем бы встреча ни состоялась, в тот момент Мария Магдалина была одна. А отсюда следует еще один вопрос: почему же она ушла от других женщин, если они шли к пещере *вместе*?

Кстати, мы уже упоминали, что вход в пещеру был завален большим камнем. Почему же женщины, даже если их было несколько, пошли к захоронению Иисуса без мужчин, допустим, без своих родственников или тех же учеников Христа? Ведь понятно, что для того, чтобы откатить камень от входа в пещеру, потребовались бы усилия, несоизмеримые с силами даже *нескольких* женщин! *Так в чем же было дело?*

И, наконец, последние пара вопросов, которые мне хотелось бы упомянуть в этой главе. Вопрос первый: откуда возникла идея о том, что Иисус был Царем Иудейским? И второй вопрос: как утверждают историки, в то время было много людей, проповедующих новые религиозные учения и взгляды. Почему же именно Иисуса стали называть Сыном Божьим? Почему Он сам обращался к Богу: *«Отец Мой»*?

Примечания:

1. Матфей 26:14-16;
2. Бытие 18:2-5, 19:4-5
3. Матфей 28:1; Марк 16:1-2; Лука 24:1; Иоанн 20:1
4. Марк 16:1-3

2

ИИСУС

Итак, мы с вами согласились, что натура человека (то, как человек думает и чувствует) остается неизменной, в каком бы столетии он ни жил. Если бы это было не так, то всего того, что мы называем классической литературой, просто не существовало бы. Мы оказались бы не в состоянии понять отношения, мысли, чувства и мотивацию поступков людей, которые жили в иное время и в другой стране.

По счастью, все мы устроены одинаково: мы улыбаемся, когда нам приятно, и мы грустим о потерях. Мы любим, и мы ненавидим; мы работаем, размышляем над проблемами и задачами и пытаемся найти выход из сложной ситуации; мы ждем, и мы надеемся; а иногда нам бывает страшно и мы приходим в отчаяние. Именно поэтому нам хорошо понятны мысли и чувства других людей, а также их отношения, когда мы о них слышим, читаем в книгах, смотрим в театре, в кино или по телевизору. Разница в менталитете, связанная с конкретной страной, культурой или эпохой, на самом деле, не настолько значительна, мы с легкостью отбрасываем ее.

Таким образом получается, что будет совершенно нормально и правильно, если мы попытаемся понять то, что происходило тогда, 2000 лет тому назад, подходя к анализу ситуации, мотивации поступков и чувств действующих лиц, а также существовавших между ними отношений, как если бы эти люди были нашими современниками и жили среди нас.

Ну, а сейчас, давайте попробуем найти правильные ответы на вопросы, названные в предыдущей главе, и на некоторые другие вопросы, которые возникнут позднее.

Итак, когда мы начинаем думать об Иисусе, как об одном из наших современников, и примем, что древние истории более или менее достоверно отражают реально происходившие события, становится ясно, что Иисус обладал способностями, намного превосходящими уровень обычного человека.

Во-первых, как утверждает история, Он обладал способностями к целительству. Очевидно, что эти способности проявились у Него не внезапно и не вдруг, иначе где-нибудь в рукописях обязательно было бы сказано: «и тогда внезапно Он исцелил…» или что-нибудь в этом роде. Вместо этого мы читаем, что все воспринимают Его действия как целителя, как нечто нормальное, естественное и вполне предсказуемое для Него. По крайней мере, так воспринимают эти действия Его постоянные спутники. Отсюда следует, что целительская деятельность Иисуса не явилась чем-то неожиданным, внезапно появившимся. Наоборот, в своем проявлении, достигшем максимального размаха в Иерусалиме, она была закономерным продолжением чего-то, начавшегося задолго до известного нам периода жизни Иисуса.

Можно предположить, что способности к целительству проявились у Него очень давно, скорее всего, еще в детстве. Я могу пояснить то, что имею в виду, на следующих примерах.

Представьте себе, что однажды ваш ребенок прибежал домой весь в слезах, потому что упал и разбил коленку. С коленки содрана кожа, течет кровь, и ему больно. Бедняжка! Конечно, вам стало жаль малыша. И хотя вы не очень многое можете сделать, чтобы уменьшить боль, вы начали дуть на разбитую коленку и водить над ней рукой, чтобы успокоить и утешить ребенка. И вдруг, как по волшебству, все прекратилось. Кровотечение остановилось, боль прошла, а через пару дней и коленка зажила.

Ну, и как бы вы на это реагировали? Рассказали бы вы об этом своим близким?

Или возьмем другой пример. Допустим, вы готовили кофе и случайно перевернули его на себя. Боль от ожога невыносима. Отчасти из-за боли, а может быть от отчаяния, вы стали водить над обожженным местом рукой. И вдруг, к вашему глубочайшему изумлению, это помогло. Боль утихла, а кожа побледнела и пришла в нормальное состояние.

Как вы считаете, вы бы стали рассказывать об этом вашим друзьям и членам семьи? Более того, если бы однажды появившись, способность к целительству сохранилась бы у вас навсегда, и вы, таким образом, оказались бы в состояниии помогать другим людям, рассказали бы вы о *самом первом* случае, с чего все началось? Думаю, что ответ и на первый, и на второй вопрос был бы положительным.

А вот если бы ваш ребенок лет, хотя бы, с шести или десяти оказался бы способным к подобным действиям, то уверяю вас, вы привыкли бы к этому задолго до того, как он вышел бы из подросткового возраста. Уже через пару лет вы начали бы воспринимать такие его действия как совершенно нормальные и естественные, как будто иначе и быть не может.

Кстати говоря, именно такие интонации звучат в словах Марии, матери Иисуса, в известном эпизоде на свадьбе[1], когда она говорит Ему превратить воду в вино: «Ну, давай, сделай это!», как мы сказали бы сегодня. Ничего чудесного, странного или удивительного; привычный обыденный поступок.

Некоторые исследователи считают, что Иисус был образован как врач и в своей работе широко использовал лекарственные растения. Думаю, что это очень вероятно; было бы только естественно, если бы это было так. Как показывает современная действительность, если человек обнаруживает у себя способности к целительству, то впоследствии он(а) обычно представляет себя в первую очередь как целителя. Достаточно часто такие люди начинают интересоваться медициной, идут на курсы, чтобы получить специальное или дополнительное образование, и в дальнейшем продолжают работать в области народной или альтернативной медицины.

Если так происходит сегодня, когда медицина превратилась в высокотехнологичную науку, использующую сложнейшее оборудование, которое дает возможность производить точную диагностику и успешное лечение заболеваний; когда для лечения и поддержания здоровья людей разработано бесчисленное множество лекарственных препаратов, а также и других средств и методов, возникших как следствие последних достижений науки и техники; как же мы можем ожидать, что дела обстояли иначе в те далекие времена, 2000 лет тому назад, когда сама медицина, в сущности, была наукой целительства?

Как вывод можно заключить: если в те дни у человека проявлялись способности к целительству, его путь лежал в медицину; можно было почти не сомневаться, что этот человек станет врачом.

Второй из сверхвозможностей Иисуса был дар ясновидения. Собственно говоря, в этом нет ничего удивительного. Как заявляют современные нам целители и ясновидящие, дар целительства и дар ясновидения часто сопутствуют друг другу[2]. Удивляет другое: сколько бы мы ни читали древние тексты, мы почти не находим в них рассказов о том, что Иисус предсказывал людям, что с ними произойдет в ближайшем будущем – кроме, пожалуй, пары редких эпизодов, которые только подтверждают правило.

Вспомним еще раз Тайную вечерю. Нет, я говорю сейчас не об Иуде Искариоте и о предсказании о его предательстве; я говорю о Петре. Именно о нем, не напрягаясь, как бы между прочим, говорит Иисус, что еще не прокричит петух, как тот трижды отречется от Него[3].

Странность, однако, состоит в том, что Иисус упоминает об этом *между прочим*, как о не заслуживающей внимания мелочи, не стоящей того, чтобы думать о ней отдельно. Ученики же, в свою очередь, воспринимают предсказание Иисуса как действие, являющееся для Него совершенно нормальным и естественным.

Это показывает, что Иисус *был* ясновидящим и *мог* безошибочно предсказывать ближайшее будущее; и это, как и целительство, не было для Него чемто удивительным, скорее наоборот, обыденным и привычным... однако по какой-то причине Он предпочитал этого не делать. *Почему? По какой причине* Иисус не был склонен к предсказанию судеб? Мог, но не делал этого?

Чтобы пояснить, что я имею в виду, давайте сравним Иисуса, допустим, с Нострадамусом. Мишель де Нотрдам (*фр. Michel de Nostredame*), 1503-1566, традиционно употребляется латинизированная форма имени *Нострадамус*, был французским врачом, аптекарем, алхимиком и провидцем, знаменитым своими пророчествами. Он предсказывал много и прославился благодаря своему таланту ясновидения. Впоследствии он опубликовал сборники предсказаний, после чего достиг мировой известности.

Почему же Иисус поступал иначе? Почему Он избегал предсказывать отдельным людям будущее, которое Он для них видел, хотя не делать этого Он был все равно не в состоянии? Причем обратите внимание: случаи, когда Иисус предсказывает ближайшее будущее, происходят совершенно спонтанно, так же, как это произошло в упоминавшемся уже эпизоде на Тайной вечере.

В чем же дело? Может быть, у Иисуса были причины для того, чтобы скрывать этот свой талант? Или, возможно, это была Его привычка?..

Для того, чтобы ответит на этот вопрос, нам придется начать издалека.

Будучи с собой до конца откровенными, мы не можем не признать: человек, предсказывающий будущее или рассказывающий *странное*, начинает привлекать к себе внимание, причем внимание это отнюдь не всегда бывает дружеским. В большинстве случаев этот человек начинает вызывать в окружающих чувство неуверенности, удивления и неприязни, к чему примешиваются мысли то ли о глупости, то ли о психической неадекватности этого человека.

Когда это *странное* исходит из уст ребенка, ситуация оказывается еще сложнее. Дети в большинстве случаев не принимают в свою компанию тех, кто хоть немного отличается от средних критериев, присущих большинству участников группы. Если ребенок отличается значительно, он рискует оказаться изгоем в детской среде, причем дразнят его в таком случае немилосердно. Эта проблема широко известна, в наше время с ней пытаются бороться, но она все равно существует и доставляет много неприятностей.

Положение становится еще более критическим, когда речь заходит не просто о физических или культурных[4] отличиях человека или ребенка, но о том, что сегодня принято называть сверхвозможностями человека или его экстрасенсорными или паранормальными способностями. К ним, в числе прочих, относятся способности к ясновидению и телепатии. То есть это как раз те случаи, когда человек или ребенок начинает рассказывать *странное*.

Так происходит сейчас, и так было всегда. Именно по этому признаку в большинстве случаев определяли ведьм и колдунов. Именно поэтому эти люди всегда стояли несколько в стороне от окружающей их социальной группы и от общества в целом.

Совершенно очевидно, что способности к ясновидению проявились у Иисуса так же рано, как и Его дар целителя, т.е. еще в детстве. В противном случае мы также были бы в праве ожидать услышать что-либо о Его первых предсказаниях. Однако нам не известно ни о первых проявлениях Его целительского дара, ни о Его первых предсказаниях. Эти случаи не упомянуты нигде.

Таким образом представляется ясным, что все годы, прошедшие до того переломного момента, когда Иисус пошел с проповедью новой веры, Он жил, не привлекая к себе особого внимания. Это означает, что на самом деле все началось задолго до того, как Иисус стал заметен; все началось еще в детстве. Это тогда, в детские или подростковые годы у Иисуса проявились Его невероятные способности, и тогда же Ему были привиты правила поведения, позволявшие жить *не выделяясь* из общей массы окружавших Его людей.

Ну, а теперь возникает следующий вопрос, кто научил Его этим правилам? На этот вопрос мы можем ответить без колебаний: этими людьми были Мария и Иосиф, родители[5] Иисуса и Его единственная семья. Кто прежде всего хочет, чтобы ребенок рос здоровым и благополучным? Естественно, что в абсолютном большинстве случаев такими людьми являются его родители. Не думаю, чтобы семья Иисуса была исключением.

Как раз поэтому я считаю, что именно родители Иисуса постарались во-время остановить Его и объяснить, что не стоит рассказывать обо всем, что Он видел, знал и был в состоянии рассказать. Они же, скорее всего, научили Его *думать* о том, что, как и кому говорить, что на самом деле является отнюдь не простой задачей.

Их мотивация при этом очевидна и была объяснена выше: они старались предотвратить ситуацию, при которой ребенок получил бы репутацию *странного* и оказался бы в детском коллективе в числе отверженных. Не менее сильным было их желание удержать маленького Иисуса от того, чтобы Он обратил на себя внимание властей, что могло повлечь за собой фатальные последствия как для Него самого, так и для всей семьи. Оставаясь нейтральным и незаметным, Иисус был бы принят соседскими детьми в их компанию, а семья получила бы возможность затеряться среди своих соседей.

Вполне вероятно, что в том же возрасте Иисус получил от них совет сосредоточиться на своих способностях целителя, раз уж они у Него проявились. Выбрав дорогу врача, Иисус мог бы использовать эти способности впоследствии. Вот так и получилось, что Он пошел в этом направлении и начал лечить людей.

Все это вместе взятое позволяет понять, почему Иисус, хотя и демонстрировал широко свои способности к целительству, особенно в последний период своей жизни, но предпочитал не афишировать возможности ясновидца. Это была всего лишь привычка, воспитанная у Него с детства и обусловленная стилем жизни всей семьи.

Его судьба, судьба Иисуса из Назарета, была определена Его врожденными способностями и происхождением, о котором мы поговорим в одной из последующих глав.

Примечания:

1. Иоанн 2:2-5
2. Другое дело – обладают ли они этими способностями на самом деле, а если да, то в какой мере они у них проявляются. Однако этот вопрос является предметом другого исследования, поэтому мы не будем здесь на этом останавливаться.
3. Матфей 26:31-34
4. Имеется в виду акцент в произношении, не совсем верное построение фразы, стиль одежды, манера поведения, обусловленная происхождением и воспитанием и пр.
5. Несмотря на утверждение, что Иосиф не был биологическим отцом Иисуса, для простоты изложения мы употребляем слово «родители», имея в виду Марию, Его мать, и Иосифа, ее мужа.

3

СПОСОБНОСТИ

Разговаривая о сверхвозможностях Иисуса, нельзя не упомянуть о Его способностях к гипнозу. Я не первая высказываю эту мысль; предположение о том, что Иисус обладал ярко выраженным талантом гипнотизера, было сделано задолго до меня.

Я, однако, считаю, что помимо невероятно сильной способности к гипнозу, Иисус обладал также способностью к телепатии, а именно, к чтению чужих мыслей. Внимательно читая Новый Завет, мы в нескольких местах наталкиваемся на ситуации, когда Иисус отвечает на *не высказанные* мысли. Причем делает Он это так же по́ходя, как предсказывает ближайшее будущее, о чем мы говорили в предыдущей главе. Слова Иисуса звучат одинаково обыденно как в первом, так и во втором случае. Его спутники тоже воспринимают эти Его действия как нечто повседневное и привычное и для Него самого, и для тех, кто постоянно Его сопровождает. Это и позволяет нам сделать вывод о том, что Иисуса был способен «читать» мысли других людей.

В этой связи хотелось бы подчеркнуть, что случаи, когда Иисус отвечает на непроизнесенные вопросы, возникают так же спонтанно, как проявления Его таланта ясновидящего.

Исходя из собственного опыта, могу сказать, что случаи проявления ясновидения и телепатии происходят, как правило, спонтанно и спорадически. Ты никогда не знаешь, когда это происходит, и не в состоянии угадать, когда это произойдет в следующий раз; именно поэтому ты оказываешься не готов к ситуации. Когда такое происходит и ты «читаешь» мысли другого человека, то при этом совершенно не отдаешь себе отчета в том, что человек в этот момент *думает*, а не говорит. Ты слышишь его голос и интонацию, как если бы он произнес фразу достаточно громко, совсем рядом с тобой. Более того, все это звучит так, как если бы произносилось специально для того, чтобы узнать твою реакцию и услышать ответ. Поэтому, кстати, ты и отвечаешь вслух: ты просто *не понимаешь*, что отвечаешь *не на слова, а на мысли* другого человека.

Близкие родственники и друзья могут привыкнуть к этой твоей особенности и простить тебе такое поведение; однако если это происходит в присутствии посторонних людей или просто знакомых, они начинают коситься на тебя, скажем так, *не вполне дружелюбно*. При первом удобном случае эти люди стараются уйти и в дальнейшем по возможности избегают любых контактов с тобой. Люди никогда не прощают тех, кто видит их такими, как они есть, а не такими, какими они хотели бы выглядеть.

У данной ситуации существует еще один аспект. Как известно, вся нервная деятельность организма в конечном итоге является не чем иным, как прохождением по нервным клеткам электрических импульсов и биохимическими реакциями, возникающими в мозгу в результате этого. Кроме того известно, что все живое подвергается влиянию электромагнитного поля Земли, которое беспрепятственно пронизывает пространство, активно воздействуя на живые организмы. Электромагнитное поле Земли, в свою очередь, зависит от активности Солнца, которая и определяет его состояние. Почти сто лет тому назад выдающийся русский ученый профессор А.Л.Чижевский[1] доказал связь физического и психического состояния людей с состоянием электромагнитного поля Земли и их зависимость от активности Солнца. Таким образом, можно предположить, что состояние человека, при котором происходят *странные случаи*, подобные вышеназванным, является проявлением определенного типа высшей нервной деятельности и зависит от состояния электромагнитного поля Земли или процессов, происходящих на Солнце. Возможно также, что подобная реакция нервной системы связана с какими-либо другими факторами, носящими глобальный геокосмический характер.

Может ли быть, что при определенных обстоятельствах мозг отдельных людей оказывается способным к приему и расшифровке сигналов, посылаемых мозгом других людей? Возможно ли, что мозг этих уникальных индивидуумов имеет мельчайшие особенности, благодаря которым они при определенных условиях оказываются в состоянии принимать и расшифровывать мысли другого человека?

Насколько много, в конце концов, мы знаем о нашем «думающем» органе?..

Понятно, что это происходит не часто, и что люди с такими особенностями встречаются исключительно редко. Именно это является причиной того, что явление не только сложно зарегистрировать и изучить, но даже поверить в него.

И все же, почти каждый из нас хотя бы однажды пережил *странное состояние*, обычно называемое «шестым чувством». Если вы относитесь к числу счастливчиков, которые это испытали, вы, возможно, заметили, что это ощущение появилось совершенно неожиданно, внезапно. Если вы испытывали подобные ощущения несколько раз, вы, вероятно, обратили внимание на то, что это чувство иногда удается спровоцировать, хотя в большинстве случаев оно все же возникает неожиданно. Более того, если вы стараетесь целенаправленно вызвать у себя это ощущение, в большинстве случаев ваши попытки оберечены на неудачу, как бы вам этого ни хотелось, и какие бы усилия вы для этого ни прилагали. Однако если принять во внимание все то, о чем мы с вами только что говорили, имея в виду солнечную активность и связанные с ней геомагнитные факторы, становится ясным, почему случаи возникновения подобных явлений настолько редки и непредсказуемы.

Что же касается гипноза, которым Иисус воздействовал на людей, то здесь дело обстояло несколько иначе. Я полагаю, что Иисус и сам не знал, что Он способен «завораживать» людей. Он совершенно искренне считал, что изменяет объективную реальность.

Гипнотизеры нашего времени спокойно могут внушить человеку, что он пьет вино, а не воду, находящуюся в стакане, и последствия воздействия выпитой жидкости на организм испытуемого будут соответствовать внушенному ему образу со всеми вытекающими последствиями – *до тех пор, пока загипнотизированного не выведут из состояния гипноза.* Когда гипнотическое воздействие ликвидируют, человек возвращается в первоначальное состояние, и все последствия внушения бесследно исчезают.

А вот этого Иисус не делает никогда; Он никогда не *«разгипнотизирует»* людей. Почему? Да просто потому, что Он не знает, что перед этим загипнотизировал их! Не исключено, впрочем, что Он одновременно гипнотизировал и себя тоже. В противном случае Иисус знал бы, что в пресловутых кувшинах находится вода, а не вино, а Он этого не подозревает; т.е. имеет место своего рода симультивный самогипноз.

Иисус вводит людей в состояние гипноза мгновенно, не погружая их предварительно в сон (и мы можем наблюдать аналогичные действия в исполнении современных нам гипнотизеров), но даже не подозревает об этом. Он ведь и в самом деле считает, что изменяет реальность, поскольку что есть реальность, как не то, что мы постигаем при помощи своих органов чувств?.. Совсем в другое время и в других странах жили и работали философы, разобравшиеся в том, насколько правдивой является реальность, прошедшая преломление через наши органы чувств.

Хочу здесь предложить вашему вниманию одну цитату. Автор высказывания болгарский писатель Павел Вежинов:

«Все, что мы называли субъективной жизнью, все это, в сущности, нечто нереальное... Как, например, нереальны облака, отражающиеся на глади озера. Когда ветер поднимет зыбь и отражение исчезнет, это ведь не значит, что исчезли и сами облака... Все, что в тот миг произошло на поверхности озера, смерть без смысла и значения...»[3].

Звучит грустно, но по существу правильно.

Теперь позвольте продемонстрировать на примерах, что я имею в виду, говоря о гипнотических действиях Иисуса; приведенные примеры взяты из канонических евангелий.

Итак, Иисус видит Симона (Петра) и брата его Андрея, закидывающими сети в море и говорит им: «*Идите за Мною*!» Они *тут же* бросают свою работу и идут за Ним. Он идет дальше и видит двух других братьев, Иакова Зеведеева и Иоанна, «*починяющими сети с отцом их*» и зовет их с собой – и они поступают так же: они *тут же* все бросают и следуют за Иисусом[2]. Через некоторое время Иисус видит Матфея, сборщика пошлин, и тоже говорит ему: «*Следуй за Мною*». И тот поступает совершенно так же: *он тут же все бросает и следует за Ним*[3].

Согласитесь, что такое немедленное послушание взрослых людей выглядит несколько странно. Однако все становится на свои места, если мы допустим мысль о гипнотическом воздействии, вольно или невольно осуществленном Иисусом; мы видим и можем наблюдать аналогичные поведенческие реакции людей, возникающие в результате воздействия на них современных нам гипнотизеров.

Давайте рассмотрим еще один пример, подтверждающий, что именно гипноз оказался силой, заставившей людей реагировать подобным образом на слова Иисуса: *«Следуйте за мною!»* Согласно евангелиям, количество людей, исцеленных Иисусом, не поддается исчислению. Несмотря на это, у Его учеников продолжают оставаться сомнения: в текстах тех же канонических евангелий мы читаем, как Иисус неоднократно упрекает их в маловерии[4]. Удивительным, однако, представляется то, что *ни одному из них ни разу* не приходит в голову покинуть Иисуса и вернуться к своим делам. Вне зависимости от того, верят ли они Ему или сомневаются в правильности Его решений, они продолжают постоянно следовать за Ним. Даже после смерти Иисуса, когда они пребывают в растерянности: *«Что же теперь делать?»*, мысль разойтись по домам и вернуться к своим делам у них не возникает.

Это и естественно: они загипнотизированы Иисусом *следовать за Ним*, оставив все, чем занимались до тех пор. Каждый из них получил приказ, которому должен был неукоснительно подчиняться, что они и делали впоследствии; каждый из них получил задание, ставшее главным делом его жизни.

После смерти Иисуса исполнение этого задания становится невозможным. Но приказ-то продолжает оставаться в силе! Иисус умер, поэтому они более не в состоянии «следовать за Ним». Вернуться домой и заняться тем, чем они занимались прежде, они тоже уже не могут, поскольку это противоречит установке, заданной когда-то Иисусом. Так что же делать?

И вот кому-то из них (лично я считаю, что это был Петр) приходит решение: они могут понимать слова Иисуса «*Следуй за Мной*» не только в прямом, но и в переносном смысле. Они могут продолжить Его работу, то есть проповедовать учение Иисуса и таким образом продолжат «следовать за Ним»! Выход из положения был найден, решение принято. Они покидают родные места и продолжают «следовать за Иисусом», проповедуя Его учение – и не важно, какой ценой им придется за это заплатить.

Кстати, вы заметили, что совсем не все, услышав слова Иисуса: «*Следуйте за Мною*!», тут же следуют им или делают это вообще? Например, не последовал за Иисусом Зеведей, отец уже упоминавшихся братьев Иакова и Иоанна, и так же поступили наемные работники, принимавшие в тот момент участие в работе[5]. Для всех этих людей слова Иисуса не значили ничего.

Почему? Потому ли, что Иисус требовал этого *только* от братьев[6]? Или потому, что братья в тот момент работали вместе со своим отцом и были настроены на послушание? А их отец, будучи главой семьи, в тот момент, к тому же, возглавлял работающую бригаду и скорее был склонен сам отдавать распоряжения, чем подчиняться им? А «иммунитет» наемных работников к любым приказам, исходящим от кого угодно, кроме Зеведея, объяснялся тем, что они прекрасно знали, кто и за, что им платит? Если взглянуть на ситуацию с этой точки зрения, то легко заметить: в той ситуации только братья были открыты для постороннего воздействия.

На самом деле, вариантов объяснения может быть множество. И все же здесь, по-моему, возникает совсем другой вопрос: почему *именно этим* людям Иисус сказал: *«Оставь все и следуй за Мной!»*? Возможно ли, что эти люди стали Его спутниками и учениками именно потому, что среагировали на гипнотический приказ и подчинились Ему? Это – один из вопросов, на который мы никогда не найдем ответ.

Возвращаясь к теме способностей, следует заметить, что если внимательно посмотреть на историю человечества, в ней можно отыскать несколько примеров людей, обладавших настолько же экстремальными способностями, как Иисус. Хотя и крайне редко, такие люди время от времени появляются в разных странах. Давайте рассмотрим только один пример. Я хочу вам напомнить о человеке, который жил и работал совсем недавно, имея в виду исторические масштабы времени. Этот человек обладал такой же, как и Иисус, невероятной силой внушения и был способен «читать» мысли других людей. Звали этого человека Вольф Мессинг.

Вольф Мессинг, 1899-1974, родился в городе Гура-Кальвария, в то время относившемуся к Российской империи, а ныне находящемуся на территории современной Польши, в бедной еврейской семье. В семье было четверо братьев, но Вольф бы особенным. В возрасте четырех лет он с легкостью запоминал наизусть целые страницы Талмуда и... страдал лунатизмом.

Когда Вольфу было одиннадцать лет, он покинул дом своих родителей. Он сел на первый проходящий поезд, отходивший от их маленькой станции, и отправился в большой мир. Поезд шел в Берлин, и он стал первым незнакомым городом на долгом и полном странствий жизненном пути Вольфа Мессинга. Именно во время этой поездки его *особые способности* впервые дали о себе знать. Вот как это произошло.

Денег на поездку у мальчика не было, поэтому билет на поезд он не купил. Он просто спрятался под скамейкой в надежде, что его не заметят и все как-нибудь обойдется. Не обошлось. Если бы Вольф мог, он бы, наверное, превратился в муху, увидев приближающегося к нему контролера. Тот посмотрел на мальчика и сказал: «Эй, парень, покажи-ка билет!».

В растерянности, не очень понимая, что делает, Вольф схватил с пола лежащий неподалеку обрывок газеты и протянул его страшному для него человеку. Мальчик смотрел контролеру прямо в глаза, отчаянно думая: «ЭТО БИЛЕТ!!! ЭТО БИЛЕТ!!! ПОВЕРЬ В ЭТО!!!». Он вкладывал в эту мысль всю силу своей испуганной детской души. Контролер взял бумажку, немного поколебался, потом улыбнулся, пробил на газетном клочке штамп и сказал: «Что же ты с билетом сидишь под лавкой? Вылезай, дурачок!». Это было началом странной судьбы Вольфа Мессинга.

В его жизни были светлые и черные страницы. Он умирал от голода в Берлине. Благодаря ряду случайностей, Вольф Мессинг попал в цирк и начал выступать. Затем пришел успех.

Еще до начала Второй мировой войны он посетил с выступлениями несколько стран, демонстрируя загадочную силу психики человека. Он стал известным. Однажды в 1937 году во время выступления в Польше у него спросили, что будет, если Гитлер оккупирует Польшу. Мессинг без колебаний ответил: «Если Гитлер повернет на восток, он погибнет!» Эти слова были переданы руководству Вермахта, и за его голову была назначена колоссальная по тем временам награда в 200 000 рейхсмарок.

В 1939 году германские войска оккупировали Польшу. Вскоре после этого на одной из улиц Варшавы Вольф Мессинг был арестован нацистским патрулем. Его отвели в комендатуру. Каким-то образом Мессингу удалось собрать в своей камере офицеров и надзирателей и загипнотизировать их, погрузить в сон. Потом он вышел из камеры, запер ее и покинул комендатуру, выпрыгнув из окна второго этажа. При приземлении он повредил обе ноги, но все же ему удалось бежать.

От нацистов Вольф Мессинг бежал в Советский Союз. Через какое-то время о нем доложили Сталину, и тот вызвал его к себе. Вольф Мессинг должен был продемонстрировать ему свои возможности.

Во время демонстрации Мессинг проделал удивительные вещи. Например, он должен был совершить «психическое ограбление банка». Ему следовало пойти в Московский Госбанк в одиночку и без оружия и вернуться с 100 000 рублей. Агенты в штатском должны были сопровождать его в качестве свидетелей и ждать снаружи у входа в банк.

Мессинг вошел в банк, подошел к окошку выдачи денег и вручил кассиру вырванный из школьной тетради чистый лист бумаги. Один из агентов наблюдал через окно, как кассир, пожилой мужчина, посмотрел на бумажку, подошел к сейфу, вернулся и выдал Мессингу деньги. Выйдя из банка, Мессинг передал их сопровождающим. Агенты проверили полученную сумму и вернули их Мессингу для возврата в банк.

Когда Мессинг снова подошел к кассе и вернул деньги, кассир посмотрел на них, перевел удивленный взгляд на Мессинга, потом на чистый лист бумаги и упал на пол с сердечным приступом. «К счастью, это оказалось не смертельно», – записал Мессинг в своем дневнике.

За свою жизнь Вольф Мессинг совершил много удивительного, а то, что и как он это делал, и поныне продолжает вызывать недоумение и возбуждать споры.

Жизнь и личность Вольфа Мессинга заслуживает отдельного внимания, однако я не буду сейчас останавливаться на рассказе о нем. Хочу подчеркнуть в этой связи только одно: существуют люди, обладающие *особыми* психическими способностями. Хотя эти люди время от времени появляются, происходит это исключительно редко. К тому же способности этих людей могут значительно отличаться по своим характеристикам друг от друга. И все же такие люди существуют. За свою жизнь они совершают странные действия, которые вызывают толки, слухи, недоумение и сомнения и которые, когда о них впоследствии рассказывают, называют чудесами или ложью[7].

Кстати, что касается четырех тысяч человек, которых Иисус накормил семью хлебами и рыбами[8]: не стоит обманывать себя, напирая на точность приведенной цифры. Слухи – они и есть слухи, и они склонны к саморазрастанию. Это всем хорошо известно, почему и существует пословица про муху, из которой делают слона. Историки приводят совершенно другие цифры населения тех районов, в которых происходили описываемые события, и эти цифры несравнимо ниже приведенных в библейских текстах. Именно эти цифры следует иметь в виду, если уж мы говорим об исторической достоверности событий.

И было еще одно общее у Иисуса Христа и Вольфа Мессинга. Они оба подчас делали невероятные вещи, но иногда оказывались не в состоянии сделать вообще ничего, как будто никакими особыми способностями они не обладали. История сохранила упоминания о случаях, когда каждый из них не мог ни продемонстрировать, ни применить свои способности. Например, Иисус, сто́я перед Иродом, был не в состоянии ничего сделать[9]. Вольф Мессинг был арестован дважды, нацистским патрулем в Варшаве и НКВД в СССР, и тоже был не в состоянии противодействовать этому. Весьма сомнительно, чтобы подобное поведение было вопросом принципа для любого из них.

Мы снова возвращаемся к евангельским текстам и читаем такую фразу:

«И не совершил там многих чудес по неверию их.» (Матфей 13:58)

Видите? Объяснение приводится другое, но ситуация аналогична: Иисус оказывается не в состоянии сотворить ожидаемое от Него чудо.

Можно найти и другие примеры, подтверждающие сходство между этими двумя людьми, между Иисусом Христом и Вольфом Мессингом. Иногда они оба делали удивительные, поражающие воображение вещи, а иногда не могли сделать вообще ничего, в смысле ожидаемых от них чудес. Если принять во внимание наличие объективных и субъективных факторов, о которых мы разговаривали в начале главы, всё становится на свои места. Печально, конечно, что иногда эти факторы действовали против них обоих, против Вольфа Мессинга и против Иисуса Христа.

Примечания:

1. Профессор Александр Леонидович Чижевский (1897 - 1964), выдающийся русский ученый, основоположник таких наук, как космическая или космобиология, гелиобиология, гелиомедицина, гелиопсихология и др.
2. Матфей 4:18-22
3. Матфей 9:9
4. Матфей 6:30, 8:26, 14:31, 16:8; Лука 12:28
5. Марк 1:19-20
6. Что на самом деле еще раз подтверждает предположение о гипнотическом воздействии, оказанном Иисусом на братьев.

7. Профессор океанографии Дорон Ноф (университет штата Флорида) предложил объяснение библейского чуда хождения Иисуса Христа по воде. Он полагает, что сын Божий ходил по плавающей льдине. Профессор сообщил, что его исследование доказало существование необычного сочетания водных и атмосферных условий в районе Тебериадского озера (Кинерет), которые могли привести к формированию льда.

Проведенное им исследование показало, что в период между 1500 и 2600 лет назад (предполагаемое время жизни Христа), в этой области было достаточно прохладно. Температура ниже нуля градусов Цельсия могла привести к образованию достаточно твердого льда, который мог выдержать человека. [4]

8. Матфей 15:36
9. Лука 23:8-9

4

РОЖДЕНИЕ

Поскольку других источников информации у нас все равно нет, давайте будем исходить из того, что евангельские тексты отражают реально происходившие события. Правомочно будет также предположить, что за прошедшие тысячелетия эти истории подверглись значительным изменениям, что связано со склонностью людей к мифотворчеству, т.е. к приукрашиванию понравившейся истории. Также не стоит забывать, что на сегодняшний день мы знаем намного больше, чем люди, которые жили 2000 лет тому назад. Таким образом содержащиеся в древних текстах истории можно сравнить с рассказом ребенка или подростка о сюжете фильма, который он когда-то посмотрел. Под этим я подразумеваю, что информация в общих чертах верна и соответствует действительности, однако страдает отсутствием большого количества фактов, деталей, логических связок, а также возможным нарушением причинно-следственных отношений.

Начнем с самого начала, с рождения Иисуса Христа. Итак, что у нас есть? Непорочное зачатие, плотник из Назарета, дары волхвов и Вифлеемская звезда.

Первое, непорочное зачатие. Возможно ли это? — НИКОГДА. Мы уже договорились, что вопросы веры обсуждать не будем, но постараемся придерживаться реалий физического мира.

В принципе, как мы сегодня знаем, непорочное зачатие теоретически возможно. На самом деле существует два варианта непорочного зачатия:

1. искусственное (медицинское) оплодотворение; и
2. дупликация хромосом, что происходит у некоторых простейших и что, как утверждают ученые, теоретически возможно и для людей.

Ну, с искусственным оплодотворением однозначно не складывается. Процедура это сложная, к тому же даже в наше время далеко не всегда приводит к желаемому результату. Остается дупликация хромосом. Самопроизвольная дупликация хромосом, разумеется. Допустим, это был единственный зарегистрированный случай спонтанной дупликации хромосом в яйцеклетке человека.

Опять не получается! Ведь в таком случае родилась бы девочка, полностью идентичная своей матери, Марии. Ведь набор хромосом остался бы точно таким же! А допустить возможность спонтанного дублирования хромосом в яйцеклетке человека, плюс выпадение (вероятно в результате мутации) генного участка, к тому же выпадение не просто генного участка, но именно того, который связан с различиями в строении и функционировании организмов мужчины и женщины… Многовато условий получается, вы не находите?

Таким образом мы приходим к выводу, что Иисус был рожден в результате нормального зачатия, как рождались и рождаются все дети на земле, т.е. что в процессе зачатия принимали участие два человека, мужчина и женщина, биологические отец и мать.

Что же касается истории про непорочное зачатие, то представляется очевидным, что она была придумана позднее. Точно так же ясно, что истории этой придавалось большое значение; поэтому она пережила тысячелетия и дошла до наших дней. Кто создал эту историю и для чего? Ниже мы поговорим и об этом.

А сейчас мне хотелось бы немного отвлечься от основной темы и сказать несколько слов о христианстве. На сегодняшний день в мире существует множество церквей христианского толка, однако самыми значительными и самыми старыми из них являются две, ортодоксальная (православная) и католическая церковь.

Церковь ортодоксального направления утверждает, что именно она является древнейшей, поскольку была основана в 33-м году н.э. среди греков, живших в Иерусалиме; основателем этого направления был сам Иисус Христос. Считается, что из всех современных христианских церквей именно православие в наибольшей степени сохранило черты и традиции раннего христианства.

Вопрос о времени основания Римско-католической церкви сложнее. Появление христианской церкви в Риме нередко относят к 50-м годам н. э. В принципе, принимая во внимание, что с момента образования обеих церквей прошло 2000 лет, разница в пару десятков лет должна быть не так уж и заметна.

Две старейшие церкви были созданы практически одновременно и существовали бок о бок на протяжении столетий, имея между собой много общего. И все же в их традициях существуют заметные отличия и разногласия. Давайте возьмем, например, праздник Непорочного зачатия Пресвятой Девы Марии (8 декабря). Праздник существует в традициях католической церкви[1], но не в традициях церкви ортодоксального направления.

Тот факт, что праздник существует в традициях католической, но не православной церкви, представляется весьма странным. Казалось бы, праздник должен был бы существовать в обеих христианских традициях одинаково, будучи установлен самим Иисусом Христом – особенно, если Он имел в виду, что непорочное зачатие имело место в любом смысле этого слова. Однако Он никогда этого не сделал. Более того, этот праздник установлен католической церковью, а в ортодоксальной церкви, которая, как мы уже говорили, в наибольшей степени сохранила черты и традиции раннего христианства, его вообще нет.

Далее, согласно неписанной традиции, самым главным праздником у католиков является Рождество Христово. Согласно тем же неписанным традициям, самым главным праздником в ортодоксальной церкви является Христово Воскресение (Пасха). Это мне тоже представляется весьма странным. Нет, я не ставлю под сомнение значение обоих этих событий. Каждый человек на земле когда-то появился на свет, т.е. был рожден, и в подавляющем большинстве национальных культурных традиций это событие отмечается как праздник. Однако, согласно легенде, воскрес-то *единственный*! Таким образом этот праздник, по идее, должен был быть удостоин большего внимания[2].

И здесь возникает еще один вопрос. Почему Рождество стало в католической церкви наиболее значимым праздником? Возможно ли, что рождение Иисуса значило для Его иудейских учеников больше, чем для Его же учеников, но имевших греческое происхождение? Могло ли быть так, что Его иудейские ученики знали или догадывались о чем-то таком в отношении Иисуса Христа, что было исключительно важно для них, но что не имело большого значения для греческой группы Его учеников, положивших начало христианству ортодоксального направления?

Вопросы... вопросы... и новые вопросы.

Хочу обратить ваше внимание еще на один момент. В соответствии с тем, что написано в евангельских текстах, Иисус общался с огромным количеством людей. Тем не менее, действующих лиц в истории не так уж много. Прежде всего это сам Иисус, затем Мария (мать Иисуса), Петр (Симон), Иуда Искариот и Мария Магдалина, иногда называемая Мария из Магдалы. Остальные, включая Иосифа (мужа Марии, матери Иисуса) и остальных учеников, в сущности являются статистами. Роль и значение учеников Христа возрастают позже, уже после Его смерти. Что же касается Иосифа, то он у рассказчиков интереса вообще не вызывает. Так же не вызывают интереса у рассказчиков братья и сестры Иисуса. В чем же дело?

Почему все эти люди настолько *не важны* для истории и не интересны для рассказчиков? И на этот вопрос у меня есть ответ, но об этом мы поговорим отдельно.

А сейчас я хочу вновь вернуться к моменту рождения Иисуса. Только давайте примем как факт, что Он родился, как и все, имея биологических отца и мать.

Евангелие от Матфея приводит «*Родословие Иисуса Христа, Сына Давидова, Сына Авраамова*»[3]. Нет необходимости приводить его здесь полностью, да я и не собираюсь этого делать. Важным представляется уже то, что существует книга поколений, и что в ней записано происхождение Иисуса из рода царя Давида и царя Соломона.

Теперь давайте вспомним, что евангелие от Матфея является одним из наиболее ранних евангелий, датирующимся приблизительно 60-м годом н.э. Это означает, что существует большая вероятность того, что в данном конкретном случае сведения, касающиеся предков и происхождения Иисуса Христа, соответствуют действительности. Почему? Да потому, что даже сейчас дети во всем мире *в обязательном порядке* изучают имена правителей своих стран и очередность, в которой они сменяли друг друга на троне или во главе государства. То же самое относится и к происхождению патриархов. Даже в наше время в школах религиозного направления дети заучивают эти сведения наизусть.

То есть я хочу сказать, что верю в то, что Иисус является потомком легендарного царя Давида по прямой линии. Однако я не верю в то, что потомком царя Давида по прямой линии был Иосиф, муж матери

Иисуса. Уж слишком мало внимания уделяется ему в евангелиях. Скорее можно поверить, что именно мать Иисуса, Мария, была единственным и последним на тот момент представителем прямых потомков царя Давида. Проблема заключалась лишь в том, что «родословие Иисуса Христа» указывало не на нее, а на Иосифа.

А что если это не правда? Что если этот факт сфальсифицирован по ошибке или преднамеренно? Давайте попробуем отыскать ответ на этот вопрос.

Хорошо известно, что происхождение в те времена определялось по мужской линии, и что наследование происходило по тому же принципу. Этот принцип, кстати, остается актуальным и сегодня и действует во многих странах качестве неписанного, а в ряде случаев и официально закрепленного закона. Но что произойдет в том случае, если от всей королевской семьи останется в живых только один человек, к тому же подросток, девочка?

Понятно, что в этом случае ей, во-первых, потребуется защита и опека. Во-вторых, она неизбежно будет привлекать к себе внимание. Не меньшее внимание будет уделяться ее ребенку, если она его родит. Так же очевидно, что этой девочке никогда не позволят оставаться в одиночестве.

Не напоминает ли это ситуацию, о которой мы читаем в евангелиях? В текстах Марии уделяется несравнимо больше внимания, чем ее мужу, Иосифу – и это невзирая на то, что мужчины в обществе того времени занимали несравнимо более высокое положение, чем женщины. Исключение из правила составляет единственная ситуация, а именно, когда речь идет об «обычном» мужчине и о женщине королевского происхождения.

Более того, на протяжении всей описываемой истории Иосиф, как бы, оказывается «в изоляции» от Марии и ее сына Иисуса; рассказчик как будто хочет подчеркнуть: Иосиф не имеет ничего общего ни с Марией, ни с ее сыном, Иисусом. Строго говоря, Иосиф выступает здесь в роли, скорее, не мужа, но человека, который всячески опекает, оберегает и обслуживает Марию, как если бы она действительно была особой королевской крови, а он – приставленным к ней придворным, в задачи которого входит сопровождать и охранять ее саму и ее ребенка, а также отвечать за жизнь и здоровье обоих.

Но нет! Записано однозначно: Иосиф – муж Марии. Так что же было на самом деле?

По-видимому дело было так: «родословие Иисуса» и в самом деле соответствует действительности, Иисус – потомок царя Давида и царя Соломона по прямой линии. Зная, как иудейский народ сохранил до наших дней свою самобытность, знание истории, язык и культуру (и это несмотря на тысячи лет скитаний и проживания среди других народов и культур), никак не верится, что эти люди могли потерять из виду потомков своих легендарных правителей. «Настоящие» правители в то время жили не во дворцах, вместе со своим народом они переживали тяжелые времена римского владычества. А люди по-прежнему заучивали наизусть их имена и порядок, в котором они сменяли друг друга – пожалуй, кроме последних, для их же безопасности.

Да, в то время правил король Ирод и его потомки, но в душах людей жила память о *настоящих* правителях. Именно поэтому они ждали нового, *настоящего* царя, который приведет их к освобождению от римского владычества.

Предположение об умышленной фальсификации «родословия Иисуса» косвенно подтверждается тем фактом, что, как однозначно утверждают историки, жизнеописание и история правления самого царя Давида неоднократно переписывалась. Это делалось в соответствиями с указаниям позднейших правителей. Что же касается необходимости сохранения в тайне сведений о потомках легендарной династии и местах их проживания, то не вызывает сомнений, что это было вызвано существовавшей в то время политической обстановкой. Страной правил Рим, да и власть фараонов еще не была забыта.

Возможно ли, что существовала определенная группа людей или организация, на которой лежала ответственность за охрану прямых потомков «настоящих» правителей и сохранение их тайны? Кем могли быть люди, входящие в эту организацию, если она действительно существовала? Возможно, они были священниками?

На самом деле, это вполне вероятно; тайные организации, как известно, существуют. Однако если это были священники, то они безусловно не принадлежали к представителям господствующего направления в религии. Тогда, как и сейчас, одновременно действовало несколько религиозных направлений. Если эти люди были представителями одного из них, то совершенно ясно, что являясь хранителями тайны о потомках царя Давида, они должны были принадлежать к одному из древнейших направлений.

Обычные люди, их современники, ничего не знали наверняка о судьбе прямых потомков царской династии, которые хотя и не обладали реальной властью, но по-прежнему носили титул. Однако слухи об их существовании все же ходили. Именно из-за этих слухов было устроено избиение младенцев: весть о рождении мальчика, вероятного претендента на власть, дошла до самых верхов. Вот, кстати, и еще одно подтверждение тому, что Мария была единственном оставшимся в живых представителем этой династии: *девочка* угрозы для власти не представляла; женщина не могла претендовать ни на власть, ни на трон – но *мальчик*, ее сын, мог со временем заявить о своих правах и поднять восстание, чтобы попытаться вернуть власть и царство.

Итак, допустим, что Мария – последний представитель колена Давидова по прямой линии. Кроме нее прямых наследников нет. Есть ли у нее близкие родственники – неизвестно, скорее всего их тоже нет. Одна молодая женщина, да еще такого происхождения, в мире мужчин? ОДНА?!! Имеющая настолько большое значение для своего народа?!! Это и сейчас вызвало бы проблемы, а в то время?.. Ситуация совершенно недопустима. Этой девочке обязательно должна была быть предоставлена охрана, ее непременно следовало выдать замуж, чтобы обеспечить продолжение царского рода.

Не очень много известно о том, как Мария встретила Иосифа. Возможно она знала его давно, а возможно встретила совершенно случайно. Впрочем, может быть их познакомили целенаправленно, т.е. Иосифу указали на Марию, а Марии – на Иосифа, как утверждает евангелие? И сделали это не случайные люди, а именно те, которые заботились о сохранности царской династии? Наверняка известно одно: Мария и Иосиф поженились, и, несмотря на традиционно лидирующее положение мужчины в семье и в обществе, Иосиф всегда был подчинен Марии – в всяком случае такое впечатление складывается после прочтения евангельских текстов.

Не здесь ли таятся истоки истории о «непорочном зачатии»? Кровь царей не должна быть смешана с «простой» кровью[4], мезальянс недопустим! Как известно, в некоторых странах эта традиция пережила столетия и существует поныне. А в рассматриваемом случае речь идет о народе, ценившем свою аутентичность превыше всего.

Ну, а если Мария действительно имела царское происхождение, то появление волхвов у колыбели ребенка было совершенно естественно. Более того, это было необходимо: они были обязаны засвидетельствовать рождение ребенка, наследника царского рода. Эта традиция также сохранилась и существует по сегодняшний день; новорожденных детей королевских семей показывают публике. Ну, а кроме того, всегда вызывают интерес события, происходящие в семьях королей, президентов и правителей, да и просто в семьях знаменитостей, которые оказались в центре внимания СМИ.

Что же касается волхвов, то перед ними должна была стоять еще одна задача. Они должны были составить описание новорожденного, чтобы иметь возможность опознать его впоследствии во избежание подмены. Соответственно напрашивается вывод: волхвы принадлежали к числу тех самых священников, которые хранили тайну о семье легендарных правителей.

Не в том дело, что правители не у власти и что любая утечка информации угрожает их жизни. Самое главное – *они существуют*, и это дает иудейскому народу надежду на возрождение. И волхвы отправляются в путь к месту рождения наследника династии, чтобы засвидетельствовать появление царственного младенца. Царь был рожден, и у народа Израиля появилась новая надежда.

Между прочим, место рождения, скорее всего, тоже было не случайным. Скорее всего оно было выбрано теми же людьми, которые впоследствии явились засвидетельствовать факт рождения нового царя. Эти люди должны были выбрать скрытное место, гарантировав при этом безопасность и комфорт для матери и новорожденного. Что же касается безопасности, то в это понятие прежде всего входило отсутствие любого нежелательного внимания к матери и новорожденному. Такое внимание могло оказаться фатальным для них обоих.

Место было намечено, указания доставлены Иосифу и Марии. Семья покидает свой дом и отправляется к назначенному месту родов. Именно поэтому волхвы точно знали, куда идти смотреть ребенка и сколько времени займет это путешествие.

Кстати, вы никогда не пробовали наметить себе на небе звезду, а потом найти на земле такое место, чтобы стоять точно под нею? Я пробовала. Попробуйте и вы, тогда вы поймете, о чем я говорю. *Никаким образом не возможно найти на земле такое место, чтобы стоять точно под звездой.* Слишком далеко находятся они от Земли. Таким образом понятно, что история про волхвов:

«Они, выслушав царя, пошли. И се, звезда, которую видели они на востоке, шла перед ними, как наконец пришла и остановилась над местом, где был Младенец.» (Матфей, 2:9)

является совершенной фикцией.

А вот ситуация в отношени родов Марии была действительно сложной. Рожающая женщина всегда привлекает к себе внимание; а мы уже говорили о том, что постороннее внимание могло оказаться опасным как для матери, так и для ребенка. Помимо этого, необходимо было предусмотреть появление посторонних людей, которым надо будет осмотреть ребенка; и это тоже не должно привлечь к себе внимания. Такая вот стояла задача.

Смотрите: когда женщина рожает дома, все соседи вокруг об этом знают и некоторые соседки приходят помочь ей с ребенком. Если вдруг какие-либо посторонние люди (имея в виду волхвов) придут посмотреть на новорожденного, это также будет известно всем соседям. Совершенно очевидно, что это привлечет к себе внимание и вызовет массу разговоров. Таким образом, чтобы этого не произошло, семья должна покинуть то место, где жила до родов.

Если женщина рожает в каком-либо пустынном месте, где нет никого, кроме ее мужа, то хотя проблем с визитом посторонних людей не будет, возникает другая проблема. Если во время родов что-нибудь пойдет не так, можно потерять ребенка, или мать, или их обоих. Этого допустить ни в коем случае нельзя.

Ну, а теперь посмотрим, что получится, если женщина будет рожать в гостинице, в корчме или на постоялом дворе. Понятно, что в таком месте, скорее всего, будет много путешествующих, то есть появление еще нескольких человек (волхвов) будет не заметным. Но вот то, что эти люди пойдут смотреть новорожденного, идет вразрез со всеми общепринятыми нормами поведения. Поэтому ясно, что все разъезжающиеся путешественники будут рассказывать о странном событии, свидетелями которого они стали. Все знают, с какой скоростью разлетаются слухи, так что весть об этом происшествии мгновенно разнесется по огромной территории; а это является совершенно нежелательным поворотом событий.

Где же выход? – Ответ прост: семья должна покинуть место, где жила до тех пор и где все их знают, до родов, а сами роды должны происходить в укромном месте неподалеку от людей, но и не среди них. Таким образом мы с вами получили, помимо прочего, оптимальное место родов – в хлеву.

Ответ может показаться странным, но это правильный ответ. Роды пройдут незамеченными, поскольку животные тоже рожают и иногда тоже при этом кричат. Новорожденного никто не увидит, и никто из нежелательных свидетелей о нем не узнает. Ну, а место является теплым, чистым и легко доступным для тех, кому о нем известно.

Затем, что самое важное для новорожденного? – Чистота, тепло и питание. Где это все можно легко организовать? – Как ни парадоксально, но все это можно легко обеспечить именно в хлеву. Чистота достигается тем, что чистая солома или сено всегда под рукой, так же как и чистая вода. Грязь и кровь можно смыть водой и вытереть соломой; мокрый и грязный материал легко заменить на чистый и сухой. В помещении тепло и сухо; кроме того, что от ветра и непогоды его защищают стены и крыша, животные своим теплом обогревают его. Это место отдаленное от людей, поэтому можно рассчитывать, что в нем чужаков не будет. Странники пойдут на постоялый двор, находящийся неподалеку. Ну, а если кто-либо из чужаков все же приблизится, скотина и домашняя птица во-время поднимут тревогу.

Более того, единственное молоко, кроме материнского, которое новорожденный ребенок может получать без ущерба для здоровья – козье. В те времена все животные содержались в одном помещении, и козы были более чем распространенными домашними животными.

Видите, все прблемы решены! Роды пройдут незамеченными, но в случае осложнений роженица сможет получить помощь, люди недалеко. Если она все же умрет во время родов или сразу после них, то ребенок на первое время будет обеспечен питанием, а потом можно будет найти кормилицу. Если же роды пройдут благополучно – новорожденный и его мать обеспечены покоем, теплом и питанием, и никаких проблем в связи с непонятным внимание посторонних людей к ребенку не возникнет.

Случаи, когда мать умирает при родах, происходят и в наши дни. Ясно, что в те времена это присходило намного чаще. Для Марии это были первые роды, и никто не мог знать, как они будут проходить. И все же роженицу и ребенка нельзя было потерять ни в коем случае. Безразлично кто родится, девочка или мальчик, это в любом случае будет наследник царской крови, продолжатель династии. А если при родах погибнет мать, то ребенок останется ее единственным представителем.

По счастью роды прошли нормально. Ребенок родился здоровым, и волхвы явились засвидетельствовать его рождение, рождение Иисуса, нового царя иудеев.

Евангелие от Матфея *(2:11)* рассказывает:

«...войдя в дом, увидели Младенца с Мариею, Матерью Его, и, пав, поклонились Ему...»

Правильно, они явились засвидетельствовать рождение нового царя и вели себя соответственно. После того, как волхвы своими глазами убедились в том, что у Марии родился мальчик, им следовало принести ему присягу верности, и мы читаем:

«...и, открыв сокровища свои, принесли Ему дары: золото, ладан и смирну[5].» (Там же)

И снова всё сходится, всё верно и правильно. Смотрите: о золоте вообще говорить не приходится, подарок достоен подношения царю. Что же касается ладана и смирны (мирра), то помимо того, что они отлично помогают поддерживать кожу в чистоте, их также используют в процедуре *миропомазания*, то есть при помазании на царство, то есть при процедуре, наделяющей человека правом царствования. Таким образом получается, что при рождении, прямо в хлеву, новорожденный Иисус был помазан на царство как царь иудейский.

Этот момент был невероятно важен для иудейского народа. По утверждению ученых, мысль о благосостоянии народа очень сильно связана у людей с мыслью о благополучии их правителей, царей [5]. В данном случае речь шла о самом существовании народа, которое оказывалось напрямую связано с существованием *настоящего* царя. Именно поэтому процедура миропомазания была проведена сразу после рождения ребенка.

Обратите внимание еще на один момент. Согласно написанному в евангелиях, именно Мария, а не Иосиф, показывает волхвам новорожденного младенца. Пикантность ситуации при этом состоит в том, что согласно традиции, существовавшей в иудейской, а также в родственных ей культурах, женщина в период менструации и после родов, пока не прекратятся выделения, считалась нечистой и должна была находиться в отдельном закрытом помещении. Общение с мужчинами этот период ни в коем случае не допускалось[6]. В это время даже мужьям возбранялось видеть своих жен, не говоря уже о посторонних мужчинах.

Возбранялось и ни в коем случае не допускалось?.. Ну, если мы вспомним о королевских семьях... Они являлись и являются исключением. В этом случае правила действуют иначе. Слишком многое зависит от аутентичности их детей[7]. То есть мы еще раз убеждаемся в том, что именно Мария была носительницей царской крови.

Однако со временем происхождение от колена Давидова приписали Иосифу, ее мужу. Сделано это было, скорее всего, в соответствии с существовавшей традицией наследования по мужской линии. Иосиф, по мнению рассказчика, будучи мужчиной, являлся наиболее значимым членом семьи, соответственно именно он должен был быть потомком предков, указанных в «родословии Иисуса», и наследником царей. Так, с точки зрения рассказчика, ситуация выглядела нормальной, правильной, логичной и вполне закономерной.

Я не исключаю, впрочем, возможности того, что для подобной фальсификации могли существовать и другие причины. Например, это могло быть сделано для того, чтобы отвести, в случае утечки информации, опасность от действительной представительницы «колена Давидова». В случае нападения на семью, Иосифа можно было бы заменить другим мужчиной, но заменить Марию было невозможно.

А Вифлеемская звезда – ну что же, так уж совпало.

Примечания:

1. Праздник Непорочного зачатия Девы Марии (8 декабря), введен в 1476 г. папой Сикстом IV, официально закреплен догматом папы Пия IX 8 декабря 1954 года.
2. Праздник Пасхи существовал задолго до Христа, хотя носил иное название. Во многих странах и культурнах этот день отмечался как начало нового года.
3. Матфей 1:1-17
4. Это всего лишь один из возможных вариантов. Другой вариант мы рассмотрим несколько позднее.
5. Ми́рра (ми́рро, от др.-греч. μύρρη или сми́рна) — камедистая смола, получаемая от африканских и аравийских деревьев из семейства Бурзеровые (Burseraceae), в особенности от Commiphora myrrha (мирры).
6. В некоторых местностях эта традиция сохранилась до наших дней.
7. В этом заключается одна из разгадок особого отношения к Марии, матери Иисуса, и к самому моменту Его рождения. Позднее мы рассмотрим другие аспекты этого вопроса.

5

ПРОИСХОЖДЕНИЕ

Исходя из того, о чем мы с вами говорили в предыдущей главе, логично предположить, что ни Мария (мать Иисуса), ни Иосиф (ее муж и возможно биологический отец Иисуса) не были, что называется, «простыми» людьми. Иными словами, версия с семьей бедного плотника из Назарета трещит по всем швам.

Видите ли в чем дело, если Мария действительно происходила из «колена Давидова», то она по определению не могла быть плохо воспитанной, неграмотной, не образованной и ничего не значащей девушкой. Даже если она была сиротой и воспитывалась в чужой семье[1], семья эта должна была быть подходящей для того, чтобы в ней рос и воспитывался такой ребенок.

Прежде всего, семья должна была принадлежать к определенному сословию, чтобы девочка могла получить воспитание и образование, соответствующее ее происхождению. При любых обстоятельствах существовала надежда на то, что она выйдет замуж за подходящего человека и принесет процветание иудейскому народу. Семья должна была быть благополучной, чтобы обеспечить ребенку нормальное питание и уход, но не слишком богатой, чтобы не вызвать зависти и не привлечь к девочке излишнего внимания; иначе ее жизнь могла оказаться под угрозой.

Кроме того, члены этой семьи должны были быть достойны доверия, по крайней мере те из них, которым была доверена тайна ее происхождения. И это всего лишь часть требований, которым должна была соответствовать семья, приютившая девочку. В конечном итоге цель была одна: девочка должна была вырасти в безопасности для того, чтобы гарантировать продолжение династии царей. Если же она до определенного времени, точнее, до замужества жила в семье своих родителей, то все это подразумевалось само собой.

Почему же такая девушка должна была выйти замуж за старика, неимущего плотника? Даже если предположить, что Иосиф был настолько праведным, как об этом написано в евангелии, я никогда не поверю в то, что подобное описание соответствует браку Марии и Иосифа. Скорее можно предположить, что Иосиф был кем-то иным, а не неимущим престарелым плотником, каким мы привыкли его себе представлять.

Не уверена, присутствовала ли любовь при заключении этого брака, но вот то, что мужа Марии выбрали, исходя из предъявляемых к нему совершенно определенных требований, в этом я полностью уверена. Муж этой девочки должен был быть ее *достоин*.

Вполне вероятно, что ни Мария, ни Иосиф значительным состоянием не обладали; но и в бедности они жить не могли. Скорее всего, семья имела средний достаток. Мы правомочны сделать такое заключение, исходя из того, что они жили незаметно на протяжении долгих лет, причем жили они инкогнито, т.е. скрывая происхождение Марии. Принимая во внимание, что семья состояла из хорошо образованных людей, напрашивается вывод, что или семья имела средний достаток, или же что у ее членов не было свободного доступа к средствам династии. И раз уж мы с вами заговорили о средствах династии, то стоит напомнить, о чем, собственно говоря, идет речь. Речь идет о легендарных, никогда не найденных сокровищах иудейских царей, известных как сокровища царя Соломона.

О сокровищнице царя Соломона и о хранящихся там богатствах ходят легенды. И все же эти сокровища никогда не были найдены. Как будто бы их никогда не существовало или в один прекрасный момент они бесследно растворилось в воздухе. Тем не менее мы знаем, что сокровища в воздухе не растворяются, а поскольку сведения (легенды и рассказы о них) все же существуют, то остается предположить, что сокровища и до сих пор лежат в потаенном месте и ждут того часа, когда их найдут. Именно эти сокровища я имею в виду, когда пишу о том, что несмотря на свою принадлежность к династии, Мария к ним доступа не имела. Доступ к сокровищнице был сложен, засекречен, спрятан и похоронен в веках. Если бы это было не так, ее давно бы уже отыскали, сокровища перешли бы к новому хозяину, а рассказы об этом наверняка дошли бы до нас. Поскольку ничего этого не произошло, можно сделать вывод, что сокровища лежат на прежнем месте, о котором потомкам ничего не было известно.

Так что что семья Марии и Иосифа жила скромно, ничем не выделяясь из тысяч таких же семей. Это было связано с политической обстановкой в стране и обусловлено приведшими к ней событиями. Члены царского семейства должны были жить в собственной стране на положении изгнанников, неузнанные среди людей. Властям метрополии было достаточно малейшего намека на место их обитания, чтобы с семьей было покончено навсегда.

Не так давно стали известны документы, в которых утверждается, что Мария (мать Иисуса) была изнасилована римским легионером, и что ребенок появился в результате этого. В текстах даже указывается имя этого человека, Пантера, что, по утверждению специалистов, являлось достаточно широко распространенным именем в среде римских легионеров.

Возможно ли это? Вполне. Именно в то время в Галилее происходило иудейское восстание, а как известно, насилование женщин широко распространено во время военных действий.

Вполне вероятно, что именно во время этого восстания и была убита вся семья Марии. В таком случае понятно, почему она осталась одна, а мы не находим в летописях достоверных упоминаний о ее родителях и ближайших родственниках. Но даже если их имена и были бы названы, кто может поручиться, что эти люди относились к ее настоящей, а не приемной семье? Если принять во внимание обычные размеры семьи того времени (которые были большими и многочисленными) и традиционные отношения, существовавшие между ее членами (обычно очень тесные), то становится понятно, почему существование девочки, девушки, *вне* семьи представляется не вполне нормальным явлением. Предположение, что семья Марии была убита во время восстания, является возможным и логичным объяснением подобной ситуации.

Итак, мы снова возвращаемся к тому, что в живых осталась одна девочка, *только одна* из всего семейства. К тому же девочка это оказывается беременной. И тогда те, кто несет ответственность за охрану царской семьи (и это абсолютно логично!), организуют ее брак. Они находят подходящего и заслуживающего доверия человека, который возьмет на себя ответственность и за нее, и за ее будущего ребенка (впоследствии за детей), и Мария выходит замуж. Таким образом Мария и ее будущий ребенок обретают защиту и безопасность.

Ее муж, Иосиф, принадлежит к Зелотам, общество которых пользовалось в древней Иудее высоким уважением. Будучи объявлен публично, брак с девушкой такого происхождения еще больше укрепил бы его общественный статус, а их общие дети неизбежно заняли бы высокое место в обществе. Что же касается ее первенца, то происходя от другого отца, мальчик неизбежно оказывался несколько в стороне от своих сводных братьев и сестер. Именно о такой ситуации мы читаем в евангелиях: Иосиф и его дети находятся в некотором отдалении от Иисуса. Отношения Иисуса с матерью намного ближе, чем с любым другим членом семьи.

Если Мария действительно подверглась насилию, это также могло послужить поводом к тому, что семья перед родами двинулась в путь. Отношение к детям, родившимся от изнасилованных матерей, зачастую не отличается доброжелательностью, а сама женщина оказывается надолго покрытой позором. Уехав из тех мест, где люди знали о происшедшем, семья избавлялась от лишних разговоров, а также от предвзятого негативного отношения к ребенку. Люди часто забывают причины, по которым стали испытывать неприязнь к кому-либо, но очень долго помнят само отношение.

Вот, кстати, мы наткнулись и еще на одну возможную причину создания истории о непорочном зачатии. Цель ясна: необходимость оправдать мать и ребенка. Задача имела бы огромное значение, если бы мать принадлежала к числу прямых наследников династии. Если же это было не так... Ну подумайте сами, к чему оправдывать рождение ребенка, если он рожден в браке, а его отцом является мужчина, происходящий от самого легендарного царя Давида, как о том гласит «родословие Иисуса»? Нет, в таком случае создание истории о непорочном зачатии лишено всякого смысла.

А вот если Мария действительно была последним представителем династии, то тогда, в конечном итоге, не важно, рожден ли ее первенец в браке или нет (желательно все же, чтобы ребенок родился в браке и имел статус законнорожденного), кто ее муж, в результате чего она забеременела и кто является биологическим отцом ребенка. Это, в общем-то, и значения особого не имеет, потому что главное – *она мать ребенка*! Она, Мария, единственный и последний представитель «колена Давидова»; женщина, в жилах которой течет кровь царей, которую так важно сохранить; единственная надежда иудейского народа на возрождение.

В таком случае абстрагирование ребенка от мужа матери тоже вполне оправданно и естественно, только теперь оно отражает реальное состояние дел. Более того, общие дети Марии и Иосифа не могли иметь для современников такого значения, как Иисус. Говоря о современниках, мы имеем в виду тех людей, которые располагали достоверной информацией.

Таких людей на самом деле было две группы, а именно: первая, в которую входили хранители информации о династии, и вторая, состоявшая из семьи и родственников Иосифа, и чье отношение к первенцу Марии сохранилось в веках. Для семьи Иосифа намного важнее были его собственные дети, а не этот мальчик. С другой стороны, принимая во внимание сцену поклонения волхвов младенцу Иисусу, становится ясно, что именно он являлся миррапомазанником, и поэтому все остальные дети Марии оказывались с точки зрения истории просто не важны.

Таким образом мы с вами снова вернулись к картине «Мадонна с младенцем», о которой говорили в предыдущей главе и культ которой традиционно пользуется намного большей любовью и почетом в католической церкви, чем в православии. Если мы вспомним, что Римско-католическая церковь ведет свое начало от Петра (Симона), галилеяна и иудея по происхождению, становится понятным, что для него рождение нового царя имело намного больший смысл и значение, чем для греков, живущих в Иерусалиме, которые были совершенно не в курсе дела перепетий истории иудейского народа, да и не очень интересовались этим.

Как бы мы ни искали, мы не найдем в традициях католической церкви объяснений, где было бы прямым текстом сказано, *почему именно* момент рождения Иисуса настолько важен; почему настолько большое значение имела тесная связь Сына с матерью, несмотря на то, что она рожала Его в замужестве, и несмотря на то лидирующее положение, которое мужчина в те дни занимал в семье и в обществе.

Момент рождения Иисуса и Его происхождение от Марии имело настолько важное значение для израильтян, что даже сейчас, спустя 2000 лет, культ Мадонны, девы Марии с младенцем сохраняется как один из важнейших и наиболее почитаемых культов Римско-католической церкви.

Конечно, в православной церкви тоже очень широко отмечается праздник Рождества Христова и тоже существует почитание Богородицы, но все же здесь ему придается совсем не настолько большое значение, как в католицизме.

Однако давайте вернемся к обстоятельствам жизни Марии и Иосифа. Я не буду сейчас разбирать, каким параметрам должен был соответствовать мужчина, чтобы стать мужем наследницы «колена Давидова». Хочу только отметить в этой связи пару моментов.

Во-первых, это должен был быть человек зрелый, надежный и достойный доверия. Во-вторых, он должен был выглядеть так, чтобы не привлекать к себе особого внимания, т.е. он должен был иметь весьма заурядную внешность. Обращая внимание на себя, он неизбежно привлек бы внимание к матери и ребенку, что могло быть для них смертельно опасным. В-третьих, этот человек должен был быть достаточно состоятельным, чтобы обеспечить семье нормальные условия жизни. И в-четвертых, он должен был быть достаточно умен, чтобы справиться с задачей содержания и охраны женщины и ее ребенка, наследника «колена Давидова». С этими задачами, как показывает история, Иосиф справился великолепно.

В результате, вместо семьи бедного плотника из Назарета мы получаем достаточно обеспеченную, но не очень богатую семью, состоящую из умных и хорошо образованных людей, возможно, хотя и не обязательно, относящуюся к аристократии иудейского народа. При этом можно отметить возможное существование значительной разницы в возрасте между мужем и женой. Если Мария могла быть подростком, то Иосиф должен был быть взрослым мужчиной, что и нашло свое отражение в рассказе. Впрочем, подобная разница в возрасте не была редкостью тогда, не редкость она и сегодня. Подобные браки и по сей день являются нормой у определенных народов.

Я допускаю как вероятность то, что Иосиф и в самом деле был плотником; должен же он был чем-то заниматься, чтобы обеспечивать семью. В то же самое время ему следовало занимать такое место в обществе, которое позволило бы семье оставаться незаметной.

Кем был Иосиф на самом деле? Хотелось бы когда-нибудь узнать бы это! Вы подумайте, это был человек, на плечи которого была возложена пожизненная задача колоссальной важности, являвшаяся к тому же секретной миссией. Не вызывает сомнений, Иосиф был очень умен и хорошо образован, иначе он попросту не справился бы с этой задачей. И при всем этом он умудрялся все время оставаться в тени. Даже из обрывочных сведений, упомянутых в евангелиях, видно, что Иосиф всю свою жизнь посвятил служению ребенку и его матери. Сначала – матери, потом – ребенку. Да, они были с Марией женаты, и у них были общие дети, но все же Мария всегда оставалась для него на первом месте.

Думаю, что теперь вы понимаете из чего я исходила, когда писала о том, что именно родители должны были научить маленького, а затем молодого Иисуса, вести себя так, чтобы не привлекать к себе излишнего внимания. Это был продиктованный обстоятельствами стиль жизни всей семьи.

История показывает, что до поры, до времени так оно и было. А потом…

Примечания

1. Хотя легенда о рождении Марии существует, однако в ней присутствует так много чудесного и волшебного, что это невольно заставляет усомниться в ее правдивости. Как показывает практика, жизнь намного прозаичнее.

6

АНГЕЛЫ

Если все то, о чем я писала до сих пор, не касалось ни чудес, ни сверхъестественного, теперь пришло время писать о чудесах. Впрочем, разве есть что-либо более загадочное и невероятное, чем внутренний мир человека и тот реальный мир, в котором мы живем?

Итак, Иисус родился и какое-то время рос и развивался точно так же, как и все остальные дети. В тот период не возникало никаких особых сложностей, иначе бы мы об этом услышали.

Тем не менее, я никогда не поверю, что мальчика, который был помазан на царство еще в младенчестве, оставили расти без наблюдения. Уж слишком важен Он был для всего народа; слишком большое значение придавалось Ему и тому месту в обществе, которое Он должен будет занять, когда вырастет.

Теперь обратите внимание: читая евангельские тексты, мы все время наталкиваемся на странные персонажи, которые выполняют наиболее важные миссии самого земного значения и происхождения. Я имею в виду Ангелов.

Вот смотрите: Ангелы успокаивают беременную Марию и организуют ее свадьбу с Иосифом – *и Иосиф им подчиняется*[1]. Когда Ирод Великий отдал приказ об избиении младенцев, Ангелы тут же предупреждают Иосифа о необходимости покинуть страну и уйти в Египет, причем делают это вовремя – и он их слушается. Разговаривая с Иосифом, Ангелы сообщают ему, что когда опасность минует и можно будет вернуться в страну, они дадут знать, что и делают после смерти царя Ирода Великого – и Иосиф снова проявляет непонятное послушание.

А что это за история такая с переполненной гостиницей? Действительно ли она была так переполнена, что в ней не нашлось места – никакого места! – для роженицы[2]? Может быть, это было сделано специально? Не с тем ли это связано, что роженицу с ребенком необходимо было спрятать подальше от посторонних глаз, о чем мы с вами говорили в предыдущей главе? Что же касается легенды, то она была придумана позднее, чтобы оправдать ее присутствие в хлеву пастухам, а может быть, чтобы объяснить это странное для роженицы место в последующих рассказах.

Что же касается хозяина гостиницы, то не могло ли быть так, что он был не случайным человеком или что он выполнял то, за что ему заплатили? А может быть, он делал то, что ему *приказали*?

Когда женщина рожает, обычно ей при этом оказывают помощь, причем в подавляющем большинстве случаев ей в этом помогают женщины. Я расцениваю ситуацию как невозможную, что в гостинице не было ни одной женщины; тем более, что в соответствии с евангельскими текстами, гостиница была переполнена – причем, как я полагаю, не только мужчинами. Там должны были быть женщины и среди посетителей гостиницы, и среди прислуги. Должны были быть женщины среди членов семьи хозяина, хотя бы одна женщина, его жена. Но ни одна женщина не помогает Марии при родах.

Я уже упоминала о том, что в иудейской и в родственных с ней культурах существовала традиция, которая и поныне сохраняется в некоторых местностях: женщина, находящаяся в определенном состоянии (например, после родов), считается нечистой, и мужчинам запрещено ее видеть.

Я даже не говорю о том, что когда дело касается чисто женских проблем, женщина всегда ищет помощи у другой женщины, а не у мужчины, и что женщина всегда поможет другой женщине справиться с «женскими проблемами».

Но Марию окружают только мужчины. Это Иосиф, волхвы, а позже и пастухи. То есть налицо такая ситуация, которая вопиющим образом противоречит всем существующим нормам и традициям. Почему же это было сделано таким образом? Ответ прост и лежит на поверхности: все это было сделано именно для того, чтобы сохранить секрет – по крайней мере до тех пор, пока самое важное не останется позади, а *те, кто принимают решения*, примут их.

И здесь снова появляются Ангелы. Именно Ангел сообщил пастухам о новорожденном и *приказал* им пойти поклониться Ему[3]. Но вот подумайте, зачем он, я имею в виду, Ангел, это сделал? Не потому ли, что нужны были нейтральные свидетели или люди, которые разнесут дальше весть о рождении царя? Или это было сделано для того, чтобы упредить возникновение слухов в отношении странной роженицы, находящейся в хлеву? Давно известно, если предоставить объяснение заранее, до того, как у людей сформируется вопрос, то во-первых, этот вопрос, скорее всего, вообще не возникнет, а во-вторых, даже если он и появится, то разговоров на эту тему будет намного меньше, чем в том случае, когда недоумение успеет разрастить в сотню вопросов.

Какое бы объяснение мы ни выбрали, вся деятельность Ангелов производит впечатление хорошо обдуманных действий людей, прекрасно разбиравшихся и в политической обстановке в стране, и в психологии людей.

Таким образом мы снова приходим к тому, что существовала организация, члены которой были вхожи во все слои общества, от царского дворца до костра пастухов включительно, о чем мы читаем в евангелиях.

Мы видим организацию, которая имела средства и возможности для того, чтобы получать и использовать достоверную информацию, в частности, передавая ее туда, где она была нужна – и делать это быстро! Мы видим людей, которые обладают властью принимать решения, касающихся жизней других людей, *которые им подчиняются*.

Вывод ошеломляющий, и все же... Давайте попробуем проверить эту версию еще раз, но на этот раз рассмотрим ситуацию с иного ракурса.

Для того, чтобы переехать жить в незнакомое место, нужны деньги, это аксиома. Причем сразу после переезда их обычно требуется намного больше, чем тех, которые человек тратит, живя у себя дома, на родине. На старом месте у него есть где жить (возможно, у него есть свой дом) и где работать. Может быть, у него даже есть собственное дело, дающее средства к существованию. Кроме того, обычно, когда человек долго живет на одном месте, у него возникает то, что мы сегодня называем социальной сетью или связями, а именно личные или рабочие контакты, значительно облегчающие существование человека и его функционирование в обществе. С другой стороны, сразу по приезду на новое место у человека оказывается значительно меньше возможностей заработка, чем когда он живет у себя дома, а расходы заметно возрастают.

Прежде всего, необходимо найти место для жилья и средства на его оплату. Съемное жилье всегда дороже, чем свое собственное, которое у человека было до тех пор, пока он не покинул насиженное место. Во-вторых, когда люди долго живут на одном месте, они со временем обрастают массой вещей, которые очень облегчают быт, но которые совершенно невозможно брать с собой, перебираясь на новое место жительства. А еще человеку нужны питание и одежда. Когда люди живут на одном месте постоянно, у них зачастую скапливаются какие-то остатки, которыми в случае необходимости можно воспользоваться. Приехав на новое место, все приходится покупать заново. Вот поэтому, вообще говоря, жить дома значительно дешевле и удобнее, чем переезжать на новое место и начинать все заново.

Проблемы становятся еще значительнее, если едет не один человек, а семья, тем более с младенцем, или с ребенком, или с детьми. Детям, как известно, требуется особое или специальное питание. А кроме того, они растут, и им нужно больше одежды, чем взрослым, даже в условиях жаркого климата.

Ситуация сохраняется той же даже при условии, что человек обладает востребованной везде рабочей специальностью. Давайте посмотрим для примера, как будет выглядеть ситуация, если человек имеет специальность, допустим, плотника или столяра.

Чтобы выполнять такую работу человеку, прежде всего, требуются инструменты и материалы. То есть он или должен везти их с собой, захватив из дому, или, прибыв на новое место, их надо покупать заново. Во-вторых, в той местности, куда он прибыл, уже могут быть люди, выполняющие этот вид работы, в чем бы она ни заключалась. Если есть спрос на работу, обязательно найдется кто-то, кто ее будет выполнять. Соответственно, если человек преуспевал, работая с деревом на старом месте, кто может дать гарантию, что его дело пойдет так же хорошо, а возможно еще лучше в том месте, куда он собрался переезжать?

Конечно, можно работать в качестве наемного работника, и иногда это оказывается единственным способом заработать средства на жизнь. Но кто сказал, что это будет лучше оплачиваться, чем там, где семья жила до переезда?

Разные причины могут заставить людей покинуть родные места и отправиться в дальний путь. Но даже сегодня вы можете спросить у любого из современных эмигрантов, не говоря уже про беженцев, и я уверена, что девяносто восемь процентов из них подтвердят мои слова.

В результате всего этого возникает вопрос, так *зачем* уехали Мария с Иосифом? Этот же вопрос мы можем сформулировать иначе: *почему* Марию и Иосифа предупредили об опасности, если они ничего особенного из себя не представляли и ничем не отличались от всех остальных? Почему среди всех семей с маленькими детьми, *только их* предупредили о приближающейся беде?

Видите, опять что-то не очень складывается. Должна была существовать причина, по которой эта семья удостаивалась особого внимания, проявившегося в частности в том, что их во-время предупредили об опасности.

Следующий вопрос: откуда Мария и Иосиф взяли средства для путешествия? Мы уже определили, что их семья относилась к так называемому среднему классу, т.е. определенные средства у них имелись. Как много могли они взять с собой, срываясь с насиженного места? Могли ли они, будучи вынуждены внезапно отправиться в путь, взять с собой достаточно средств для путешествия? Была ли у них возможность взять с собой все, что у них было? Честно говоря, сильно в этом сомневаюсь.

Понятно, что времени на сборы у них было не много. Везти с собой большую сумму с риском быть остановленным и ограбленным по дороге?.. Но ведь кто-то – тот же Ангел – пришел к ним предупредить о приближающейся беде! А не могло ли быть так, что Иосиф оставил все имущество и определенную часть своих средств им же, тем самым *Ангелам*, которые организовали их с Марией брак, которые предупредили их об опасности и которые помогали им в дальнейшей жизни? И Ангелы позаботились об этой проблеме так же, как они решали большинство вопросов, касающихся Марии и маленького Иисуса – тем более, что примеров вмешательства Ангелов в жизнь этих людей достаточно много.

То есть мы снова приходим к вероятности существованию организации, о которой говорили выше. Тогда, в частности, получается, что волхвы, пришедшие освидетельствовать рождение нового царя израильтян, были не кем иным, как наиболее высокопоставленными членами этой организации.

Представляется весьма вероятным, что вместе с сообщением о необходимости бежать, Иосиф получил от Ангелов какую-то сумму денег на дорогу. Поэтому он ограничился тем, что взял с собой самое необходимое и отправился с семьей в путь. Всем остальным занимались Ангелы; давайте в дальнейшем так и будем называть членов этой организации. Ангелы могли договориться с Иосифом о месте новой встречи или о встрече в конечном пункте назначения, где и передали ему деньги, вырученные за продажу дома и имущества.

Возможно также, что Ангелы оставили вырученные за продажу средства себе, а в назначенном месте выдали Иосифу необходимую для обустройства сумму. Этот прием, получение денег в одном месте и выдача соответствующей суммы в другом, в дальнейшем широко использовался. На этом принципе построена вся современная банковская система, а в более ранние времена тем же приемом пользовались тамплиеры, о чем история донесла до нас достоверные сведения. Вряд ли рыцари изобрели этот способ проведения финансовых операций. Скорее всего, подобная практика существовала и до них, а они использовали ее в своей практике.

Вполне возможно, что Ангелы и в дальнейшем оказывали материальную поддержку Иосифу и его семье, обеспечивая при небходимости соответствующий уровень достатка.

Впрочем, существует еще одна возможность, о которой имеет смысл упомянуть в этой связи. Поскольку, как мы уже говорили, Ангелы хранили тайны династии царей израильтян, то у них также могли храниться сведения о сокровищах династии. Именно этими средствами могли воспользоваться Ангелы, чтобы спасти помазанного царя и обеспечить ему необходимую безопасность.

Кто мог входить в эту организацию, охранявшую тайны людей и сокровищ? Представляется очевидным, что подобная организация должна была состоять из людей, которые, во-первых, были привычны к строгой дисциплине, и во-вторых, имели доступ и к тайнам, и к сокровищам. Из этого следует, что либо эти люди были военными из числа непосредственной охраны сокровищницы, либо они были священниками.

Ну, что касается армии, то люди этого склада больше склонны тратить деньги, к которым получают доступ, а не тщательно охранять тайны для кого-то, кто придет в неопределенно далеком будущем – особенно, если при этом они не получают платы за свои услуги.

Что же касается священников, то такой тип поведения представляется для них весьма характерным. Эти люди приучены хранить тайны; они знают, что такое дисциплина; к тому же их ощущение времени не ограничивается одной человеческой жизнью. Что же касается вопросов спасения жизни царя, то для этого они могли даже воспользоваться своими собственными средствами, что им подсказывало чувство долга, преданность династии, и что диктовала необходимость.

Между прочим, само название «Ангелы» звучит подходяще для церковной организации. Ее полное название могло быть, например, «Ангелы защиты и спасения», «Ангелы-хранители», «Ангелы Бога» или, допустим, «Ангелы Яхве».

Организация не могла быть многочисленной, в противном случае было бы невозможно сохранить как тайну ее существования, так и любую тайну вообще. К тому же, эта организация должна была иметь жесткую иерархическую структуру, ограничивающую доступ к средствам и к информации. Если бы это было не так, о ней могли бы узнать посторонние и жизни ее членов оказались бы под угрозой. Узнав о существовании организации, владеющей тайнами династии, охотники за сокровищами не постеснялись бы в средствах, чтобы выведать эти тайны, да и власти метрополии помогли бы им в этом. Однако, как мы знаем, тайные организации существуют, и это была одна из них.

До сих пор не найдено записей, подтверждающих эту гипотезу. Если их когда-нибудь найдут, я убеждена, они будут лежать там же, где и сами сокровища. Манускрипты, повествующие о последних днях династии, несомненно храняться вместе с ее сокровищами.

Примечания:

1. Лука 1:26-38, 2:5
2. Лука 2:7
3. Лука 2:9-20

7

ЗНАНИЯ

Время идет, Иисус растет, все, вроде бы, должно быть в порядке, но неожиданно начинают возникать проблемы. У Иисуса начинают проявляться его экстрасенсорные способности.

Я думаю, что все началось со снов. Мы все видим сны. Некоторые из них запоминаются, и мы рассказываем их своим близким. Иногда мы видим сны, которые как будто предупреждают нас о чем-то; такие сны мы называем вещими или пророческими. Сны являются для нас дверью в какой-то иной, непознанный пока еще мир. Именно поэтому существуют ученые и лаборатории, которые занимаются изучением феномена снов. С другой стороны, на протяжении столетий люди подмечали закономерности и составляли сонники, не вдаваясь при этом в «технические детали» этого явления. Сегодня в мире издается множество сонников, которые пользуюся неизменным спросом и находят своих читателей.

В те давние времена, о которых идет речь в этой книге, сны значили для человека намного больше, чем для нас сегодняшних. Сама жизнь была проще, да и темп ее был намного медленнее, чем тот, который присущ жителю современного общества. К тому же люди того времени не подвергались непрерывной бомбардировке информацией, поступающей отовсюду: из радио, телевидения, книг, газет, Интернета... То есть у людей того времени было несравненно больше, чем у нас с вами, возможностей (и потребности) уделять внимание своему внутреннему миру. А сны, как мы знаем, являются неотъемлемой частью внутреннего мира каждого из нас. Вот только сны у этого мальчика были не совсем обычными. Эти сны начали появляться у Него примерно в то же время, когда проявились Его *особые* способности, т.е. способности к сверхчувственному восприятию, телепатии, целительству, ясновидению и др.

Существует апокриф под названием *Евангелие детства от Фомы* [6], датируемый 2-3 в.в. н.э. Все исследователи единодушно утверждают, что текст этого документа исторической ценности не имеет. Однако помимо этой рукописи, не существует других источников, рассказывающих о детстве Иисуса. Чудеса, о которых рассказывает этот текст, потрясают воображение, пугают и вызывают недоумение. Здесь Иисус-ребенок проклинает, убивает и ослепляет детей и взрослых. Правда, однажды Он все-таки оживил мальчика, которого перед этим проклял и убил.

Я тоже не считаю, что в *Евангелии детства от Фомы* нашли свое отражение реально происходившие события. Во-первых, если бы описанное в рукописи происходило в действительности, и Иисус хотя бы иногда совершал подобные поступки, т.е. творил потрясающие и жестокие чудеса, рассказ *о начале* деятельности Иисуса был бы другим. Его деятельность пророка и целителя следовала бы как логическое продолжение всей Его предыдущей жизни. Во-вторых, поступай Иисус хотя бы примерно так, как записано в этом евангелии, Его бы арестовали и казнили намного раньше, чем это произошло в реальности. Да и люди не потерпели бы такого соседства; с большой долей вероятности можно утверждать, что они взяли бы дело в свои руки и не стали бы ждать вмешательства властей.

Скорее всего эти истории появились намного позднее, когда последователи Иисуса пытались реконструировать историю Его жизни. После Его смерти прошли столетия; слухи, описывающие Его деятельность, смерть и воскрешение, циркулировали уже на протяжении долгого времени. Уже много лет не существовало тех, кто мог бы рассказать, каким же Иисус был на самом деле и каким Он был в детстве. Люди хотели понять, каким могло было быть детство человека, который закончил свои дни так, как рассказывали про Иисуса, и был способен совершить то, что совершил Он. Ну, и люди рассказывали… Вот это и было источником тех невероятных историй, которые вошли в *Евангелие детства от Фомы*. Вы помните, люди любят хорошие истории вне зависимости от того, в каком веке они живут.

Мы уже вспоминали про муху, превращаемую слухами в слона. С достаточной долей вероятности можно утверждать, что скорость превращения мухи в слона, а также его результирующая величина прямо пропорциональна степени отдаленности события по времени от момента рассказа и важности события с точки зрения рассказчика, умноженной на его фантазию и степень заинтересованности аудитории; причем полярность истории в большинстве случаев определяется настрением записывающего, а ее красочность и обилие деталей – его темпераментом. Но это так, к слову...

То, что в детстве с Иисусом какие-то странные случаи происходили, сомнений не вызывает. Но я уверена, что бы *странное* с Ним ни случалось, для Марии и для Иосифа в этом не было ничего удивительного. Они знали, что по линии матери Он ведет свое происхождение от царей, обладавших невероятной мудростью и способностями, превосходящими любое воображение. Так, по крайней мере, утверждали легенды, которым они верили. Единственной стоявшей перед ними задачей, как они ее понимали, было вырастить мальчика здоровым и дать ему достойное воспитание и образование, а также обеспечить Его безопасность. Обеспечение же безопасности включало себя научить ребенка вести себя так, чтобы не привлекать к себе внимания окружающих и ничем не отличаться от других детей. Иными словами, они должны были научить Иисуса скрывать свои *особые* способности. Вспомним, избиение младенцев было организовано для того, чтобы уничтожить именно Его, Иисуса.

Это еще одна причина того, почему я и не верю в правдивость рассказов о чудесах, проделанных Иисусом в детстве. Что-то, конечно, было, но если бы такое происходило на самом деле, слухи об этом вскоре дошли бы до ушей власть предержащих, что вызвало бы у них интерес к необычному ребенку. Интерес этот, скорее всего, оказался бы для Него фатальным. По счастью, все было иначе, и Иисус рос без особых проблем.

Пока Иисус был ребенком, главной задачей Марии и Иосифа было оградить Его от властей. Когда мальчик подрос и особенно, когда Он стал подростком и вошел в период пубертации, на первое место вышла задача оградить Его от самого себя. Задача представлялась тем более сложной, что, как показывает практика, однажды появившись, экстрасенсорные способности со временем не исчезают, а проявляются все сильнее; к этому добавляются проблемы переходного возраста, о которых нам всем хорошо известно. Вот поэтому и надо было научить Иисуса вести себя так, чтобы не быть отвергнутым сверсниками и не привлекать к себе излишнего внимания своим поведением. Как? – Да прежде всего, научить Его не рассказывать о том, что приходит к нему в снах и видениях!

А они у Него были – сны и видения, расказывающие о таких вещах, которые не приходят в голову нормальному человеку; в этом-то я убеждена. Именно оттуда намного позже берет Он свои идеи об устройстве мира, о том, какой должна и какой не должна быть церковь, о неизбежном будущем, которое ожидает Его... до тех пор, пока Он в эти видения верил. Однако я снова забегаю вперед. Давайте обо всем по порядку.

Итак, Мария с Иосифом принимали всё, происходящее с Иисусом, как должное. К тому же, как я уже говорила, когда такие вещи происходят часто или почти каждый день, к ним попросту привыкаешь и перестаешь обращать внимание.

А как же Ангелы, т.е. священники, призванные наблюдать за ребенком? Вот для них-то, я думаю, проблемы возникли, как гром среди ясного неба.

Понимаете, одно дело – *рассказывать* о чудесах, которые когда-то в давние времена совершила та или иная легендарная личность. Другое дело – в эти чудеса *верить*. И совсем иное дело – слушать и верить в рассказы о чудесах, которые совершает ребенок, которого ты знаешь с момента его рождения и который растет, можно сказать, у тебя на глазах.

Кто из священников возьмет на себя смелость утверждать, что сила, данная этому ребенку – от Бога, а не от дьявола? Даже сегодня, в наши дни? Кто из священников облачен такой властью, чтобы иметь смелость заявить это? Тем более, что (вероятно) существует некоторая щекотливая ситуация в отношении его отца и момента зачатия.

Эти печальные слова сказаны не мной и не сейчас:

«...не бывает пророк без чести, разве только в отечестве своем и в доме своем.» (Матфей 13:57)

Обратите внимание, на протяжении всей истории Иисуса Христа, в ней не упомянут ни один священник, поддерживающий Его или одобряющий Его действия. Иисус неоднократно идет в синагогу, но каждый раз результат оказывается отрицательным.

Единственный момент, позволяющий «присоединить» Иисуса к церкви – это пройденный им обряд крещения, который произвел над Ним даже не священник, но Иоанн Креститель. Обряд, который до тех пор никогда не существовал и который (я в этом полностью убеждена) возник исключительно для этой цели.

Почему же Иисус пришел для проведения церемонии к человеку, который был известен своими странностями (иначе не скажешь, если мы перескажем историю Иоанна Крестителя современным языком)? Если вы спросите об этом меня, я отвечу: «Это произошло потому, что с Иисусом происходило что-то страшное, ужасное и пугающее, и потому что для Него это казалось единственной надеждой на избавление. Идея казалась странной, но поскольку она пришла, как обычно, во сне, Он ей поверил. Могло быть и так, что Он сделал это потому, что был в отчаянии и готов был ухватиться за любую соломинку.» Но все это произойдет намного позже, и мы поговорим об этом детально. А сейчас давайте снова вернемся к священникам времени детства Иисуса, к Ангелам, на которых лежала ответственность наблюдать за Ним.

Я не думаю, что Ангелы наблюдали за Иисусом непрерывно; скорее всего, они время от времени наносили визиты в семью. Во время этих посещений они проверяли, как мальчик растет и развивается, возможно, передавали некоторую сумму и снова надолго исчезали. Поскольку Мария и Иосиф полагали, что все происходящее с Иисусом для Него нормально и естественно, они очевидно не считали нужным отдельно упоминать об этих мелких событиях, к которым уже привыкли. Как это часто бывает в подобных случаях, Ангелы узнали о паранормальных способностях Иисуса случайно, когда что-то проскользнуло в разговоре или случилось во время одного из их визитов. Но когда все-таки все выяснилось…

Видите ли, тут есть еще один нюанс. *Царь* может быть мудрецом и целителем – но не *ребенок*, который рожден неизвестно от кого, имея в виду его отца, и который растет у тебя на глазах. *Царь* может быть воителем. Но царь *не может - не должен*! - быть фокусником, лекарем и предсказателем! Для этого существуют советники, мудрецы, просто странные люди, которые приходят к царю и дают советы – если он их об этом спрашивает. А уже царь сам принимает решение, прислушиваться к этим советам или нет. *Принимать решение* – это является прерогативой царя, но *знать и понимать* вещи, особенно имеющие божественное происхождение и исходящие из мира духовности – это прерогатива мудрецов и священников. Когда-то давно, как рассказывают легенды, жили на земле цари, которые могли все это, но они не живут сейчас, не здесь, и уж, конечно, это не этот конкретный ребенок, единственное достоинство которого заключается в том, что в его жилах течет чистая кровь его матери, кровь дома царя Давида. Что же касается его поведения…

Это только в легендах царь возлагал руки и излечивал больных. В реальной жизни лекари работают за гроши.

Не сомневаюсь, что выбрав деятельность лекаря и целителя, Иисус весьма сильно дискредитировал себя в глазах Ангелов. Ему следовало бы стать воителем и повести народ за собой против власти Рима, а вместо этого Он начал деятельность, абсолютно не подходящую для царя и будущего лидера нации.

Нет, конечно, Он царских кровей, в этом нет сомнений. Он – сын своей матери и помазанный царь иудейский. Так что надо ждать, когда Он родит ребенка; может быть Его наследник окажется лучше в выполнении своих обязанностей перед иудейским народом. Народ Израиля долготерпив...

8

КРЕЩЕНИЕ

И вот пришел момент, когда вся жизнь Иисуса перевернулась. Он оставил все, чем занимался до тех пор, и пошел с проповедью новой веры. Пошел, несмотря на то, что не мог не понимать последствий своих действий.

Почему Он это сделал? *Чем* это было вызвано? Как утверждают историки, в то время было много пророков, проповедующие те или иные религиозные направления. Может быть, Иисус попал под влияние одного из них? Нет, евангелия утверждают обратное: Он начал свою деятельность внезапно, придя к Иоанну Крестителю[1] и потребовав от того произвести над собой обряд крещения.

Вообще говоря, что касается крещения Иисуса, то тут возникает много вопросов:

1. Иоанн Креститель не был священником, поэтому, строго говоря, он не был уполномочен говорить от имени Господа Бога и приобщать Его таинств. *Он и сам не был крещен[2].*

2. Иоанн Креститель проповедует «в пустыне». При этом он говорит вещи, которые считаются странными, даже когда их слышат в наши дни. Когда мы сегодня слышим выступления, аналогичные тем, которые проводил Иоанн Креститель (повествующие о приближающемся конце света, о гибели всех людей, за исключением небольшой группы избранных, которые несомненно принадлежат к числу верующих в эту конкретную доктрину, к которой принадлежит сам говорящий; о необходимости немедленно покаяться и отречься от всех грехов, включая привычный вам образ жизни и мышления, и пр.), декларируемые кем-то на улицах и площадях, мы обычно пожимаем плечами и идем дальше, думая про себя, что у человека, очевидно, не все в порядке с психикой.

3. Евангелие рассказывает:

«...Иерусалим и вся Иудея и вся окрестность Иорданская выходили к нему (к Иоанну-Крестителю, прим. автора) и крестились от него в Иордане.» (Матфей 3:5-6)

Если это действительно было так, то почему же так много внимания уделяется крещению именно Иисуса? Кроме того, как нам известно, вскоре после крещения Иисуса Иоанн Креститель был арестован и казнен, а Иисусу пришлось покинуть город. Это означает, что акт крещения Иисуса что-то сильно изменил во всей ситуации, существовавшей до тех пор вокруг Иоанна

Крестителя, что и повлекло за собой такую реакцию властей.

4. И последнее, почему нам почти ничего не известно о людях, крещенных Иоанном Крестителем? Евангелия рассказывают, что к нему приходили толпы людей, чтобы принять от него крещение в реке Иордан, как утверждает приведенная выше цитата, но на самом деле у нас нет почти никаких других имен, кроме имени Иисуса. Почему?

А вот почему. Иоанн Креститель был странным человеком. Он был одним из тех людей, которые дорого платят за обладание паранормальными способностями. Он жил в своем собственном мире, окруженный видениями или, как мы говорим в таких случаях сегодня, был не вполне нормален психически. Такие люди встречаются и сегодня; таким образом, страдая психическим расстройством, Иоанн Креститель не был исключением.

Иоанн Креститель говорил странные вещи и жил вдали от людей, «в пустыне». Было ли это связано с тем, что люди не хотели такого соседства, или это было из-за того, что он сам был не в состоянии жить среди людей, кто знает. Но видите ли в чем дело, когда встречаются два человека, обладающие экстрасенсорными способностями, они мгновенно узнают друг друга. Другое дело, захотят ли они при этом друг с другом общаться, но с очень высокой степенью достоверности можно утверждать, что начав разговаривать, они *обязательно* распознают эти способности друг в друге – особенно, если хотя бы один из них уже умеет этими способностями пользоваться.

Именно так это и произошло. Иоанн привык пользоваться своими экстрасенсорными способностями и имел в этом большой опыт. Встретив Иисуса, он мгновенно распознал в Нем такого же человека, как он сам, но обладающего способностями, многократно превосходящими его собственные. Именно поэтому он и говорит Иисусу:

«...мне надобно креститься от Тебя, и Ты ли приходишь ко мне?» (Матфей 3:14)

И все же, скорее всего, это был Иисус, кто подсказал Иоанну Крестителю церемонию крещения и объяснил, как и что надо делать[3]. Не вызывает сомнений, что глубокий сакральный смысл, вложенный в церемонию крещения, принадлежит Ему же.

Видел ли Иисус церемонию крещения в одном из своих снов или видений? Вполне возможно. Мы остановимся на этом несколько ниже. Что же касается Иоанна Крестителя, то похоже, что он впоследствии повторял ритуал, произведенный им над Иисусом. Это добавило кое-что новое к его проповеди и привлекло людей своей новизной. К тому же, Иоанн Креститель уже и до того был известен своими поведением и своими проповедями. К этому теперь добавились слухи о чуде, происшедшем после крещения Иисуса. Как мы знаем, слухи имеют свойство очень быстро распространяться, поэтому в истории про Иоанна Крестителя появляются слова:

«...Иерусалим и вся Иудея и вся окрестность Иорданская выходили к нему и крестились от него в Иордане.» (Матфей 3:5-6)

Совершенно естественно, что количество людей, идущих к Иоанну Крестителю послушать проповедь и принять крещение, значительно возросло. Таким образом крещение Иисуса стало тем событием, которое изменило всю ситуацию, существовавшую до тех пор вокруг Иоанна Крестителя, и привлекло к нему внимание властей. Что же касается того, что Иоанн Креститель «*крестил народ в воде*»[4], когда к нему пришел Иисус, то представляется очевидным, что это было додумано позже, чтобы объяснить, почему Иисус вообще к нему пришел и откуда возник обряд крещения.

На самом деле не получалось у Иоанна ничего благостного. Прислушайтесь внимательно к словам его проповеди; это ведь не просто призыв к покаянию. Проповедь Иоанна *агрессивна* – и по своей сути, и по стилю изложения. И только один раз в ней проскальзывают мягкие нотки; это происходит, когда он говорит с Иисусом и о Нем. И происходит это несомненно из-за того, что в этот момент Иоанн Креститель находился под сильным влиянием личности Иисуса. Невероятная доброта и толерантность внутренней философии Иисуса доминируют в этот момент над буйством фантазий Иоанна Крестителя.

Вскоре после того, как Иисус покидает Иоанна, тот возвращается в свое обычное агрессивно-обличающее состояние. Он продолжает всех «обличать», причем делает это таким образом, что в конце концов все заканчивается его арестом. Вполне вероятно, что люди, привлеченные к Иоанну Крестителю слухами о чуде крещения и наслушавшиеся его проповедей, заражались его настроением и тоже становились возбужденно-агрессивными. Понятно, что при этом они начинали вести себя соответствующе. В результате в ближайших населенных пунктах начали возникать беспорядки.

И вот тогда власти наморщили лоб и проявили интерес к тому, что происходило на берегах Иордана. Их реакцию предсказать нетрудно: зачинщик беспорядков Иоанн Креститель был арестован. Как мы можем сказать с высоты опыта прошедших столетий, в схожих ситуациях власти действуют одинаково, независимо от столетия, страны и национальной культуры.

Удивляться тут, собственно говоря, не приходится. Если в наше время человек будет стоять на улице или в каком-либо другом общественном месте и говорить то, что, как утверждают евангелия, говорил Иоанн Креститель, обличая власть имущих, пусть даже и не в такой агрессивной форме, как это делал он, то этого человека тут же арестуют или вызовут психиатрическую неотложку. Схожие действия провоцируют аналогичные реакции и у властей, и у обычных людей.

Но парадокс заключается в том, что все те люди, которые якобы покаялись в своих грехах и приняли крещение, не вышли на улицы и не собрались перед дворцом правителя с возмущенными требованими выпустить его. Наоборот, были люди, требовавшие обезглавить Иоанна Крестителя, а Иисус был вынужден покинуть город.

Что же касается приведенной выше цитаты о толпах людей, приходивших для принятия крещения к реке Иордан, то мы уже говорили о том, что эта часть была добавлена намного позднее, причем сделано это было прежде всего для того, чтобы объяснить приход Иисуса к Иоанну Крестителю и проведенный над Ним обряд крещения. То есть здесь мы встречаем случай, когда причина и следствие поменялись местами.

Сам же обряд крещения возник, как модифицированный обряд ритуального омовения, существовавший в то время у римлян и у иудеев[5] и ведущий свое начало от еще более древнего обряды инициации, который существовал в подавляющем большинстве культур, а в ряде культур существует и поныне. Только Иисус несколько видоизменил этот обряд и наполнил новым содержанием.

Судите сами: в самом общем случае обряд инициации представляет собой ряд церемоний и знаменует изменение статуса инициируемого, т.е. изменение его принадлежности к определенной социальной, возрастной (переход в совершеннолетие) или любой другой группы. Во многих случаях в результате процедуры инициации посвящаемого вводят в круг лиц, обладающих комплексом эзотерических, тайных знаний, т. е. сакральной информации не доступной для непосвященных. В силу этого члены инициированной группы обретают более высокий социальный статус, чем «не просвещенные». Основные этапы при этом следующие:

1. отказ неофита от прежней жизни;
2. промежуточное, «бесстатусное» состояние посвящаемого; и
3. возвращение к общественной жизни в новом статусе, зачастую под новым (другим) именем,

что символизирует новую жизнь, обретенную в результате инициации; т.е. *обретенную в результате инициации новую сущность человека.*

Наиболее распространённый сценарий инициации представляет собой символическую смерть посвящаемого и его последующее «возрождение» в новом качестве.

Теперь рассмотрим обряд крещения:

1. Согласно учению церкви, обряд крещения означает, что «*человек умирает для жизни плотской, греховной и возрождается от Духа Святого в жизнь духовную, святую*» [7]. В евангелии от Иоанна (*3:5*) сказано:

   «*...если кто не родится от воды и Духа, не может войти в Царствие Божие.*»

2. Церемонии погружения в воду или очищения обливанием существовали в культурных традициях почти всех народов древности: у халдеев, финикиян, египтян, персов, отчасти у греков и римлян. Процедура носила особое значение в смысле не только физического, но и нравственного очищение, т. е. «отмывались» не только тела, но и души людей.

3. Согласно традиций большинства культур, мир мертвых отделен от мира живых именно рекой.

Таким образом, погружение в реку (или в воду), со временем видоизменившееся в обливание или окропление, символизирует смерть человека и его переход в иной мир, в мир духов. Самый первый обряд крещения, о котором мы сейчас говорим, происходил именно с погружением *в реку*, в Иордан. По сей день христианский обряд крещения происходит с применением воды: в ортодоксальной церкви при обряде крещения происходит троекратное погружение в воду, в католической и других – окропление или обливание.

4. После крещения человек получал свое новое имя[6] и нательный крест – символ совершенного таинства. Новое имя могло совпадать с прежним именем человека или не совпадать с ним; оно могло даже употребляться наряду с прежним именем, но дело даже не в этом. Самое главное, что после крещения считается, что человек Божией благодатью очищается от всякого греха, он становится оправданным и освященным и вступает в церковь, как в некую новую «*обетованную землю, кипящую медом и млеком*»[7]. Иными словами, происходит его возвращение к общественной жизни в новом, более высоком статусе, недоступном для непосвященных.

Существует, однако, существенное отличие обряда крещения от всех иных обрядов инициации. Оно заключается в том, что после обряда крещения неофит не получал никаких ощутимых материальных благ. Наоборот, после крещения над человеком нависла угроза расправ и гонений. Не это ли явилось причиной того, что распространение христианства заняло так много времени? Единственный ощутимый результат, который получал человек, приобщившись к христианскому учению, это утешение, обещание поддержки свыше, новые моральные устои (что я лично считаю самым важным и позднее объясню, почему) и надежду на будущее благополучие в Царстве Небесном.

Стоило ли это приобретение всех тех гонений, которым подверглись христиане и той крови, которая была пролита во имя христианства? Честное слово, если бы не новые моральные принципы, которые понемногу изменили наш мир и превратили его в тот, в котором мы с вами живем, я бы затруднилась с тем, чтобы дать утвердительный ответ на этот вопрос. И даже с учетом того, что в результате все-таки восторжествовали новые нормы морали, я бы сказала, что цена, заплаченная за них, оказалась для человечества слишком высокой.

Примечания:

1. Также называемый Иоанн Предтеча.
2. Марк 11:27-33
3. Это косвенно подтверждается тем, что позднее Иисус показывает и внедряет еще несколько обрядов, в частности, евхаристию.

    Евхаристия (греч. εὐχαριστία – благодарение) или Святое́ Прича́стие – главнейший, признаваемый всеми христианскими вероисповеданиями обряд, иначе называемый таинством причащения. При совершении таинства евхаристии хлеб и вино преосуществляются в плоть и кровь Иисуса Христа, которые вкушают причащающиеся и, таким образом, соединяются с Богом. Таинство евхаристии было установлено Иисусом Христом на Тайной вечере.
4. Матфей 3:11

5. Ритуальное омовение проводилось с целью очищения от ритуальной нечистоты в специальном водном резервуаре для омвения, называемом миква́, микве́ или миквэ (ивр. מִקְוֶה‎, буквальное значение скопление [воды]).

6. А вот интересно, принял ли у Иисус другое имя после крещения? Возможно, что до тех пор Его имя было совершенно иным. Не случайно же в православной церкви, лучше всех сохранившей традиции раннего христианства, до сих пор существует понятие *мирского* имени, употребляемого *в миру* и имеющем хождение наравне с именем, под которым человек был крещен, а в католической и других традициях имя человеку дают именно в процессе обряда крещения.

7. Исход 3:8

9

ВИДЕНИЯ

А хотите знать, откуда Иисус брал свои идеи? И почему все это так внезапно началось? Нет, не по историческим меркам, а для самого Иисуса? Хотите, я вам расскажу?

Дело в том, что мы с вами живем в единой замкнутой системе. Мы можем называть это единство гео-, био- и ноосферой[1], или энерго-информационным полем, или как-нибудь еще, смысл от этого не меняется; лично я предпочитаю употреблять просто слово Система [1]. Все эти слова означают в конечном итоге одно и то же, а именно: мы живем в мире, где все живые существа и происходящие события связаны друг с другом[2].

Самое главное заключается в том, что Система, в которой мы живем, является замкнутым единством, которое неизбежно должно находиться в состоянии относительного равновесия. В процессе функционирования в Системе возникают незначительные (по ее масштабам) отклонения в балансе в ту или иную сторону; однако общее состояние Системы остается стабильным. Значительное нарушение баланса в любую сторону неизбежно влечет за собой ответную реакцию Системы. Эта реакция будет направлена на восстановление утраченного равновесия и иметь поэтому полярность противоположную тому действию, которое спровоцировало ее возникновение. Так происходит развитие человечества, так пишется его история[3].

Когда суммарный уровень боли, страданий, насилия и некоторых других отрицательных элементов в жизни людей значительно превышает некий средний приемлемый для Системы уровень, что вызывает заметное нарушение нормального состояния равновесия, возникает необходимость внесения корректив, направленных на устранение этого разбаланса. В Системе активизируются определенные защитные механизмы, и она активно «вмешивается» в жизнь людей. Эти ситуации мы обычно называем критическими или поворотными моментами в истории человечества. Это то время, когда возникают принципиально новые идеи, направления и повороты истории.

Информация о необходимых изменения «просачивается» в мысли людей, обладающих повышенной способностью к тому, что в наше время называется сверхчувственным восприятием и о которых мы говорили в предыдущих главах. Со временем эти «утечки» (или идеи) преобразуются в переселение народов, возникновение новых государств и религий, в уничтожение цивилизаций и пр.

Этот процесс можно сравнить с тем, как разрушается плотина: сначала понемногу, в некоторых местах, появляются трещинки, из которых начинают струиться маленькие ручейки. Потом трещинки увеличиваются, их становится больше; ручейки становяться сильнее и активнее. Наконец вода вымывает большой кусок плотины, а ручейки сливаются в один мощный поток, который окончательно ее смывает.

Всё, скачек произошел, количество перешло в качество, человечество вышло на новую ступень развития. Здесь необходимо заметить, что после того, как плотина снесена, вода не всегда идет по ожидаемому руслу, и то же самое можно сказать о развитии человечества.

Иисус был колоссальным «проломом». Информационный поток об изменениях, необходимых для последующего развития человечества, хлынул через «утечку», по имени Иисус с максимальной силой. Это было связано с Его поразительной способностью воспринимать невербальную информацию, в том числе из Системы[4].

Основываясь на понятиях, «просачивающихся» из Системы, Иисус разработал свое учение о том, что представляет собой наш мир и как он функционирует – мы читаем Его рассказы об этом в древних манускриптах. Своим учением Иисус спровоцировал объединение бесчисленного количества людей: проповедников различного толка, у которых были собственные схожие идеи – другие «ручейки» в плотине; людей, неудовлетворенных состоянием общества и своим положением в нем, людей, ищущих смысл жизни, людей, следующих за «основным течением»... В результате получился один мощный поток, названный впоследствии христианством, который уничтожил очень многое, существовавшее в мире до тех пор, и в значительной степени изменил мир, превратив в такой, каким мы его застали. Увы, поток истории пошел не совсем в заданном направлении. Наш мир был бы намного лучше, если бы... Но об этом – позже.

На самом деле в истории человечества существовало несколько поворотных моментов. Если мы внимательно изучим время и обстоятельства, сопутствующие им, то увидим:

1. Всем этим поворотным моментам предшествуют[5] ситуации, когда огромное количество людей подвержено страданиям. Господствующая жестокость выходит за пределы вероятного.

2. Появляется множество лидеров с более или менее новыми идеями, и к которым активно присоединяются последователи.

3. Появляется *один* человек, за которым следуют большие массы людей, что изменяет ход истории (культуры).

4. Если такой лидер не появляется, возникают природные катаклизмы (вроде всем памятных эпидемий чумы, оспы или холеры), при которых гибнет огромное количество людей. Однако в результате ход истории все равно изменяется, и то же можно сказать о развитии культуры.

5. Все эти события происходят в периоды повышенной солнечной активности, что

почти 100 лет тому назад доказал профессор А.Л.Чижевский. При этом чем выше солнечная активность, тем больше жертв и тем страшнее обстоятельства, сопровождающие их гибель. Исследования, проводимые в т.ч. в наши дни, многократно подтвердили правильность его теорий, наблюдений и выводов.

В этой связи необходимо добавить следующее. Сейчас мы живем в очень сложный период. Солнечная активность высока и все более возрастает. Ученые утверждают, что за весь известный период наблюдений за Солнцем никогда еще не было ничего подобного. Они даже не беруться предполагать, как поведет себя солнце в ближайший год! Соответствующее этому положение вещей мы наблюдаем и в мире: природные катаклизмы, войны, рост терроризма, вспышки эпидемий, огромное количество людей, объявляющих себя целителями, ясновидящими, чудотворцами, ведьмами или ведьмаками; взрыв активности религий самых разных направлений и внезапный подъем интереса к ним; люди, жаждущие исцеления, люди, ищущие Бога… Плотина, о которой я говорила выше, определенно начала подтекать; похоже, мы стоим на грани катаклизма.

Ученые доказали, что живой организм является невероятно чувствительным приемником, реагирующим на любые изменения физико-химических характеристик внешней среды. Соответственно этим колебаниям происходят изменения в функционировании всего организма. В результате изменяются физическое, психическое и эмоциональное состояние живого существа, в первую очередь человека, а также возникают заболевания, заканчивающиеся подчас его гибелью. С другой стороны, как еще Система может на нас воздействовать, если не через наши органы чувств? Мы ведь являемся ее частью!..

Но дело заключается еще и в том, что существуют уникальные люди, о которых мы говорили выше, способные воспринимать прямые «намеки» Системы. Они впитывают поступающую из нее информацию так же, как губка впитывает воду; эта информация становится органической частью их мышления и думать иначе они просто не в состоянии. Этих людей не много, и уровни их восприятия очень разные.

Здесь необходимо заметить, что помимо способности к восприятию, большое значение имеют уровень интеллекта этого человека и полученное им образование. Понятно, что человек может воспринимать новое только опираясь на те понятия, которые у него уже есть; как, например, мог бы описать принципы работы компьютера человек, не подозревающий о существовании электричества? Так что количество и информационный состав сведений и понятий, «впитываемых» из Системы, в значительной мере определяется именно этим, уровнем интеллекта и образованием человека – естественно, при наличии у него выраженной способности к сверхчувственному восприятию.

К сожалению, огромное число людей, страдающих различного рода психическими расстройствами, зачастую причисляет себя к тем людям, о которых мы здесь говорим. Еще печальнее то, что многие из действительно обладающих способностью воспринимать «намеки» Системы вместе с тем имеют психические отклонения. Если бы ученым удалось разработать параметры, позволяющие определить, что вызвано заболеванием, а что является информацией, считанной непосредственно из Системы!..

И совсем уж единицы могут воспринимать «задание» Системы в достаточном объеме не будучи при этом хоть в минимальной степени подвержены психическим расстройствам. Одним из таких людей и был Иисус Христос.

Я убеждена, все началось не с момента крещения Иисуса, и даже не с Его первой встречи с Иоанном Предтечей. Все началось с Его снов, которые разительно отличались от всего, виденного Им раньше. Эти сны повторялись снова и снова, и то же происходило с Его видениями. Это были сны, обличающие несовершенство мира и неправильность действий церкви. Сны, показывающие страшное будущее, которое ожидает человечество, если ничего не изменится. Сны и видения, преследующие Его и требующие действия. Сны, вызванные активизировавшимся воздействием Системы.

К этому следует добавить еще одно. Привыкнув видеть пророческие (вещие) сны, т.е. сны, предсказывающие ближайшее[6] или отдаленное будущее, человек одновременно привыкает пользоваться этими подсказками в повседневной жизни и руководствоваться ими в своих поступках. Если вам посчастливилось хоть раз увидеть такой сон, а тем более, если вы видите их часто, вы понимаете, что я имею в виду. А если это справедливо сегодня, то мы можем быть более, чем уверены в том, что это было точно так же и в те давние времена, о которых идет речь; причем в отношении того времени это утверждение является еще более справедливым. Особенно, если речь идет о человеке с такими исключительными способностями к восприятию информации, каким был Иисус Христос.

Евангелия утверждают, что Иисус пришел к Иоанну Крестителю, который узнал Иисуса и окрестил Его в водах реки Иордан. После того, как Иисус прошел процедуру крещения, на Него сошел Дух Божий, после чего приступил к Нему дьявол и искушал Его.

Да, все это звучит красиво и даже в какой-то мере складно – но только до определенной степени. Давайте попробуем разобраться и проанализируем ситуацию. Итак, вопрос первый: зачем или почему Иисус *вообще* пошел к Иоанну Крестителю? Пришел из любопытства, чтобы послушать его проповеди? Или попал случайно, просто так, от нечего делать, чтобы убить время? – Не думаю!

Исходя из того, что все действующие лица жили примерно в одной местности недалеко друг от друга, а Иоанн Креститель вел себя достаточно заметно, можно сделать вывод, что содержание его проповедей было, в общем, известно. В своих проповедях Иоанн требовал от всех покаяться в своих грехах, чтобы спастись, *«ибо приблизилось Царство Небесное»*[7]. Вот поэтому Иисус и пошел к нему, спасаться!

От чего же Ему необходимо было спасаться? Ведь судя по написанному в евангелиях, ничего особенного в

Его жизни в тот момент не происходило! Единственным страшным событием, случившимся с Ним примерно в то время, о котором идет речь, было «испытание», которому Его подверг дьявол[8].

Я уже писала о том, какой невероятной силой воздействия могут обладать видения подобного рода. И если они приходят раз за разом, давление Системы становится непереносимым. Так что когда что-то подсказывает выход – возможно, случайно услышанная фраза – действуешь, не задумываясь, и поступаешь соответственно подсказке в надежде, что это средство поможет – каким бы странным оно ни показалось.

Но все же самое главное заключалось в личности Иисуса. Он и в самом деле был удивительным человеком: обладающим бесконечной терпимостью к людскому несовершенству и человеческим недостаткам, позитивностью мышления и верой в лучшее и в людей; к тому же, у Него было колоссальное чувство долга и ответственности перед людьми. Его вырастили, чтобы Он был царем, и Его чувство ответственности было соответствующим. Подтверждение этому мы находим в евангельских текстах: даже, когда Иисус буквально падает с ног от усталости, Он никому не отказывает в помощи.

И вот однажды ночью искуситель подступил к Нему с уговорами и угрозами. Потом он приходит снова... Иисус не может ни согласиться на его предложения, ни поддаться искушению. Он уже привык к своим *особенным* снам, Он уже слишком хорошо знает, насколько правдивы Его видения, слишком хорошо понимает Он их значение и слишком серьезно воспринимает тот духовный мир, в котором оказывается во сне.

Иисус измучен борьбой. Он сражался и искал выход из положения. Как? - Наверное, молился Богу о помощи, прощении и поддержке, как все мы поступаем в подобном случае, когда тяжело, а помощи ждать больше нéоткуда.

И помощь пришла. Однажды Он увидел видение, в котором Он шел к реке и... ну, а дальше следовал обряд крещения. А потом Иисус – возможно случайно – услышал имя Иоанна. Вот так и получилось, что Он пришел к нему, и Иоанн произвел над Ним обряд крещения.

И это помогло! После обряда Иисус почувствовал облегчение; дьявол отступил и никогда более не возвращался к Нему. Средство подействовало, потому что обряд крещения, если человек принимает его серьезно и всей душой, является действенным средством, защищающим внутренний мир человека.

Профессор теологии Орхусского университета Пер Бильде, Дания, считает, что Иисус Христос был гностиком[9], т.е. Иисус принимал знания, поступавшие Ему из духовного мира без дополнительных размышлений о том, как, откуда и почему и они к нему пришли[10]. Это более чем возможно: когда человек привыкает к правдивости своих снов и видений, особенно веря в их божественное происхождение, он принимает знания без дальнейших воспросов и колебаний.

Ощущение *знания* удивительно. Именно это чувство заставляет человека следовать своим снам и внутренним импульсам без дополнительных размышлений – особенно, если человек к этому привык. Именно так Иисус воспринимал свой мир: реальность, которая была предсказана и объяснена в снах, видениях и внутренних ощущениях; реальность, которую Он мог и должен был изменить.

Все действия Иисуса во второй половине Его жизни были продиктованы таким пониманием мира; это та часть Его жизни, сведения о которой дошли до нас.

Визит к Иоанну Крестителю был первым и самым заметным звеном в цепочке последующих событий и действий Иисуса. Он пришел к Иоанну Крестителю в отчаянии, измученный ужасом ночных видений, в поиске помощи, облегчения и защиты.

Отчаянное средство помогло; более того, сразу за ним последовало видение:

«...отверзлось небо, и Дух Святый нисшел на Него в телесном виде, как голубь, и был глас с небес, глаголющий: Ты Сын Мой Возлюбленный; в Тебе Мое благоволение!» (Лука 3:21-22)

Это было началом настоящей веры. После этого любые сомнения, если они еще у Иисуса оставались, рассеялись без следа. Повинуясь снам и видениям, Он идет из города в город, говорит с людьми, исцеляет, учит. Для Него пришло время стать видимым.

Я уверена, все то, что рассказано в Евангелиях о сошествии Святого Духа и испытании Иисуса – действительные истории о том, что Он видел и что пережил. Однако все это Он переживал в своих видениях, которые могут достигать такой степени ясности и четкости, что люди иногда и в наши дни путают их с реальностью. Чувства, испытываемые при таком видении настолько сильны, что избавиться от этого ощущения невозможно. О них невозможно забыть или просто выкинуть из головы. Они есть, они давят, и они требуют действий.

Не вызывает сомнений, что причиной и крещения, и всей последующей деятельности Иисуса были Его сны и видения или, как мы теперь уже можем сформулировать, «протекающая плотина» Системы.

Между прочим, я могу объяснить, почему считаю, что *«глас с небес глаголющий: Сей есть Сын Мой возлюбленный, в Котором Мое благоволение,»*[11] слышал только один человек. В рассказе об этом событии прослеживается одна деталь, позволяющая сделать заключение о том, что все это происходило в виде́нии, следовательно, что *«глас с небес»* слышал только один человек.

Видите ли в чем дело, люди, живущие в разных местах отличаются по своему произношению и по манере речи; причем каждой местности присущ свой акцент и свой говор. Мы обращаем внимание на акценты, даже не задумываясь об этом специально. Фактически первое, на что обращает внимание человек, услышав чью-то речь, так это то, какой у говорящего акцент. Если этот говор нам знаком, мы сразу узнаем его и догадываемся, откуда этот человек родом. Происхождение человека имеет на самом деле такое значение (хотя зачастую мы об этом отдельно не думаем), что знакомясь с человеком, одним из первых вопросов мы задаем вопрос о том, откуда он. Ту же ситуацию мы видим и в евангельских текстах; одним из первых сведений, сообщаемых о человеке, является его происхождение, т.е. откуда он.

По произношению мы узнаем русских, украинцев, поляков и беларуссов. Зная английский язык, мы не перепутаем американцев, англичан, австралийцев и жителей Новой Зеландии. Зная русский язык еще лучше, мы различаем русскоговорящих жителей Москвы, Петербурга или, допустим, Костромы. В самом общем случае можно сказать, что мы различаем людей по их происхождению и месту проживания, основываясь на том, как они говорят. В то же время отсутствие акцента также обращает на себя внимание.

Ну, и теперь вопрос: *так с каким акцентом говорил голос с неба?*

Знаете, в чем дело? Единственный случай, когда человек *не слышит никакого акцента* и не обращает внимания на произношение, это когда говорит он сам. Ну, или когда что-то слышит во сне. Вот именно по этой детали можно заключить, что голос с неба прозвучал именно в видении, соответственно, что его слышал только один человек.

Сложно сказать, у кого было это видение. Был ли это Иоанн Креститель, как это утверждают евангелия, или это был Иисус Христос, как считаю я? Вполне возможно, что после завершения обряда крещения эта картина явилась Иоанну Крестителю, который в тот момент находился под сильным влиянием Иисуса и тех вещей, о которых Он ему расказывал. Настолько же, если не более вероятно то, что видение было у Иисуса. Потрясенный увиденным, Он рассказал это Иоанну Крестителю, который разделил с Ним потрясение и позднее мог поверить в то, что он сам видел это. Однако если мы сравним это видение с теми, о которых он обычно рассказывал, то нельзя не заметить, насколько сильно оно отличается по своей картине от его обычного визуального ряда. В то же самое время это видение поразительно напоминает по картине и стилю те вещи, о которых рассказывает Иисус.

Это было самое первое видение, показавшее Иисусу Его особое отношение к Богу. Потрясение было огромным, чем и объясняется внимание, которое уделяется этому событию. Увидев все своими глазами, Иисус не мог не поверить этому. Он рассказал Иоанну Крестителю, и тот подтвердил Его слова[12]. Именно поэтому Иисус сам верил в то, что является сыном Божьим и начал обращаться к Богу: «*Отец Мой*». Поскольку отношение к подобным вещам в те дни было не настолько критичным, как сегодня, Его рассказ был принят как факт и дошел до нас практически в неизменном виде.

Только при передаче несколько нарушилась причинно-следственная связь, мы уже встречались с подобной ситуацией. Но это и понятно! С точки зрения людей того времени, *сначала* человек должен был принять христианство, и только *потом* его будут уговаривать отказаться от своих убеждений.

Примечания:

1. Идея ноосферы принадлежит академику В.Н.Вернадскому (1863-1945). Ноосфера является третьей в последовательности фаз развития Земли, следующей за геосферой (неживая материя) и биосферой (биологическая жизнь) [8].

2. Концепция разработана автором и носит название Теории альтернативного понимания мира.
3. В данном случае я имею в виду человечество в целом, без разделения на отдельные страны, народы и цивилизации.
4. Здесь необходимо добавить, что не все те, кто получал или получает «намеки» Системы, сумели привлечь к своему сообщению внимание общественности. О «непризнанных пророках», в частности, неоднократно упоминала в своих работах знаменитый швейцарский психолог и аналитик, один из основателей Института К.Г.Юнга Мария-Луиза фон Франц. В этом отношении Иисусу повезло – если можно так сказать, принимая во внимание цену, которую Он за это заплатил.
5. Имеются в виду исторические масштабы времени.
6. Вещие или пророческие сны в отношении ближайшего будущего представляют особый интерес, поскольку их легко проверить.
7. Матфей 3:2
8. Матфей 4:3-10; Марк 1:13; Лука 4:2-11
9. От греч. *gnōsis*, знание
10. В наше время в таком значении применяется термин *яснознание*.
11. Матфей 3:17
12. Почему человек в подобной ситуации так поступает является отдельным вопросом, который мы здесь не рассматриваем.

10

ИУДА

Не так давно был найден и переведен текст еще одного евангелия, *евангелия от Иуды* [9]. Но перед тем, как поделиться мыслями, вызванными чтением этого текста, мне придется сделать еще одно отступление. Я хочу обратить ваше внимание на язык и стиль автора, от имени которого написано каждое из евангелий.

Дело в том, что какое бы мы евангелие ни взяли, мы неизбежно обращаем внимание на то, как сильно отличаются тексты друг от друга по языку и манере изложения. С одной стороны, это и понятно, поскольку в создании каждого текста, который мы сегодня читаем, принимало участие много людей; это специалисты утверждают однозначно.

Первоначальные тексты подверглись влиянию времени, толкователей, переписчиков и переводчиков. И все же… и все же вы не перепутаете отрывок текста из евангелия от Луки с выдержками из евангелия от Матфея, Марка, Иакова или любого другого составителя текста. Видимо, все же, в тексте нашли свое отражение индивидуальные черты рассказчика, которому приписывается создание евангелия. Таким образом, когда начинаешь читать евангелие от Иуды, прежде всего бросаются в глаза две вещи.

Первое. В этом евангелии Иисус разговаривает иначе. Специалисты, анализировавшие и переводившие оригинальный текст, утверждают, что Он разговаривает здесь совершенно другим, более сложным языком. Кроме того, Он говорит о вещах, даже не упоминавшихся в других евангелиях. Иисус создает намного более сложные философские построения и образы и поясняет их. Более того, излагает свои мысли Он тоже иначе, другим, намного более сложным языком. Этим евангелие от Иуды несколько напоминает другой апокриф, а именно *евангелие от Марии из Магдалы* [10].

Евангелие от Марии из Магдалы тоже написано другим, более сложным, чем канонические евангелия языком, и здесь мы тоже встречаем сложные, развитые философские построения, хотя в евангелии от Иуды они все же сложнее и носят более абстрактный характер. Образы, использованные в евангелии от Марии из Магдалы более конкретные, более «зримые» по сравнению с представленными в евангелии от Иуды.

И второе, что отличает евангелие от Иуды от любого другого евангелия. В этом евангелии мы встречаем Иисуса, который выглядит не как икона, но как живой человек. Он шутит, он улыбается, он смеется... Это кое-что новое, такого мы еще не встречали нигде.

Потом обращаешь внимание на следующее, насколько же одинок был Иуда! Все остальные ученики как-то держатся вместе, некоторые из них родственники, а Иуда – один... К тому же все остальные ученики из Галилеи, он единственный из Иудеи. Казалось бы, к нему должны были бы отнестись с особым вниманием; он ведь именно из-за того и примкнул к компании чужаков, чтобы учиться у одного учителя... Ведь по существу, единственные близкие ему по духу и убеждениям люди –они, ученики Иисуса, и они не могут не понимать этого. Иуда проводит с ними бо́льшую часть своего времени, с ними же разделяет взгляды и убеждения, так что с их стороны можно было бы ожидать более теплого отношения к нему... Но его нет.

Почему? Ведь в то время он еще один из них, и никто пока не догадывается о роли, которую ему суждено сыграть в истории; никто еще не подозревает о судьбе Иуды Искариота!

Общепринято мнение, что учеников раздражает Иуда, потому что он подл, злобен, злоумышлен, сребролюбив и жаден. А что если это мнение ошибочно? Действительно ли все другие ученики относились к нему плохо? А если это и в самом деле было так, то не может ли быть, что существовали иные объяснения «злоумышленных» действий Иуды?

Возможно ли, что отрицательное отношение других учеников к Иуде Искариоту, если оно действительно существовало, было вызвано другими причинами? Например, нам известно, что он распоряжается общей кассой. Может быть поэтому другие ученики испытывали к нему элементарное чувство зависти (Иуда был новичок среди них и заслужил такое доверие Иисуса)? А может быть их отрицательное отношение к нему было вызвано тем, что он не всегда тратил деньги сообразно их желаниям?

Видите ли в чем дело, не существует ни одного другого эпизода, подтверждающего легенду о жадности Иуды, кроме того, когда он осуждает Марию из Вифании, помазавшей ноги Иисуса драгоценным нардовым мирром[1]. Все обвинения против Иуды построены исключительно на этом эпизоде и на единственной фразе:

«Сказал же он это не потому, чтобы заботился о нищих, но потому что был вор...» (Иоанн 12:6)

Но ведь не достаточно обвинить человека в воровстве, чтобы считать это доказанным и объявить его виновным! Что же касается данной конкретной сцены, то следует учесть еще и то, что два других канонических евангелия[2] утверждают, что сомнения в правильности действий женщины выразили *ученики*, а в четвертом каноническом евангелии (от Луки) эта сцена вообще отсутствует.

Логично предположить, что эти слова сказал кто-то другой, но были они приписаны Иуде, причем произошло это значительно позже, когда рассказчик уже знал, какую роль сыграл Иуда Искариот в истрии, и его резко отрицательное отношение к последнему уже было сформировано. Поэтому рассказчик и представил историю в том виде, какой казался ему правильным и логичным.

Более того, *все* обвинения и легенды, клеймящие Иуду как вместилище всех пороков, появились намного позднее, уже после того, как трагические события произошли. События, которые заставили

Иуду покончить с собой и превратили имя конкретного человека в имя нарицательное.

А что если ошибка, недопонимание или незнание послужили причиной подобного отношения к Иуде Искариоту? Может ли оказаться, что все клеймящие его позором легенды не верны и люди на протяжении двух тысяч лет не правильно трактовали его поступки и побудительные причины, да и сейчас продолжают это делать? Давайте, наконец, разберемся в этом и поставим все точки над «i».

На самом деле, не было никакой выгоды ни Иуде, ни кому бы то ни было из группы учеников Иисуса в том, чтобы пресловутое масло было продано, а деньги отданы бедным, как об этом было сказано. Это-то, по крайней мере, ясно. Теперь давайте посмотрим, что могло получиться, если масло было бы продано, а деньги украдены.

Ну, во-первых, раз группа малочисленная, то незамеченным это пройти не могло. Во-вторых, такой поступок несомненно вызвал бы резкое неодобрение руководителя группы, Иисуса. Именно поэтому я и не допускаю возможности того, что эти слова принадлежали Иуде Искариоту. Заявление было или не слишком умным и сказано человеком, который не очень хорошо понимал мотивацию поступков и ход мыслей Иисуса, или же слишком макиавеллевским, и в таком случае должно было исходить от человека, который сомневался в Его искренности. Судя по известным текстам, глупым Иуду Искариота назвать было нельзя, а в отношении искренности Иисуса у него сомнений не возникало.

Но даже если эти слова принадлежали именно ему, причины для этого могли быть разными. Например, он мог быть просто очень практичным человеком, одним из тех, кто искренне не понимает, зачем нужно производить большие затраты ресурсов в то время, когда тот же результат можно получить за минимальную цену. Возможно, живи Иуда Искариот в наше время, он зарабатывал бы огромные деньги, занимаясь логистикой. Логистика, как и многие другие специальности, требует от человека определенного таланта, и некоторым людям он присущ в большей степени, чем другим. Может быть, Иуда Искариот как раз и был одним из таких людей, обладающих врожденным талантом к логистике, и именно это было одной из причин того, что Иисус именно ему доверил общую кассу?

А вот это, кстати, действительно хороший вопрос: почему же все-таки именно ему, чужаку, была доверена общая касса? Ведь не потому же, что Иисус был не в состоянии разобраться в людях и в отношениях, существующих между ними! И определенно не из-за случайности или потому, что Он не доверяет другим своим ученикам: они проделали вместе долгий путь, вместе живут, вместе едят и вместе спят… И еще одно: по пути в Иерусалим уже был кто-то ответственный за общую кассу, так что должна была существовать причина, по которой Иисус передал ее Иуде Искариоту.

Нет, я никак не думаю, что Его решение было спонтанным или случайным; дело тут совершенно в другом. У Иисуса были причины для такого поступка.

Мы продолжаем чтение евангелия от Иуды и замечаем еще кое-что интересное: Иуда поступает не так, как другие ученики. Ученые, анализировавшие текст, отмечают: Иуда ведет себя, *как хорошо воспитанный человек*. Этот момент также не присутствовал ни в одном другом евангелии. На самом деле ни в одном другом евангелии даже не упоминается ситуация, позволяющая сказать это про любого другого ученика Иисуса. И это тоже отличает Иуду от остальных Его учеников.

Единственный человек, с которым Иуда нормально общается – сам Иисус. К тому же, Иисус ведет с Иудой долгие личные разговоры, чего мы также не наблюдаем ни в одном другом евангелии, кроме...

Вторым евангелием, которое дает нам аналогичную картину, является евангелие от Марии из Магдалы. В нем, так же как и в евангелии от Иуды, мы читаем о том, что Иисус ведет долгие личные разговоры; но на этот раз Он разговаривает с Марией Магдалиной. Здесь тоже мы встречаем ситуацию, которая не присутствует ни в одном другом евангелии.

Кстати, подтверждение того, что такие беседы действительно имели место, мы находим еще в одном апокрифе, в *евангелии от Фомы* [11]. Так в чем же тут дело? С чем связана такая разница в текстах и в отношениях? Наука об обществе социология дает нам возможность найти ответ на этот вопрос.

Проведенные исследования в отношении Марии из Магдалы позволили ученым прийти к однозначному заключению: она была девушкой благородного происхождения и имела хорошее образование.

Вторая особенность заключается в том, что Иисус никогда не говорил ей слов «*Следуй за мной!*». Как утверждают исследователи, Мария Магдалина пришла к Иисусу добровольно, заинтересовавшись Его учением, и осталась с Ним[3]. Так же поступил и Иуда Искариот, и это еще одно, сближающее его с Марией из Магдалы.

Некоторые апокрифические легенды рассказывают нам о происхождении Иуды Искариота. По их утверждению, его вырастила царица небольшого острова вместе с собственным сыном. Впоследствии, уже став взрослым, Иуда Искариот присоединился к двору Понтия Пилата (некоторые легенды называют короля Ирода) и вскоре завоевал его расположение. За свою красоту и ловкость Иуда вскоре становится управителем дворца и ответственным за закупки [12]. Должность, безусловно, очень высокая и требующая определенных знаний, навыков, да и просто ума, не говоря уже о хороших манерах. Очевидно, Иуда всем этим обладал, что и зафиксировали тексты и легенды.

Здесь мы видим косвенное подтверждение нашего предположения о врожденном логистическом таланте Иуды Искариота. Действительно, «человеку с улицы» необходимо было обладать недюженным талантом, чтобы ему удалось так продвинуться по служебной лестнице. Теперь становится понятным, почему Иисус *«принял его с великой радостью...и возвел Иуду в распорядители над всеми апостолами, ... и приказал апостолам Христос: все потребное для плоти, в чем нуждаетесь, спрашивайте у Иуды,» (Там же)*

и поручил ему общую кассу. Мало того, что Иуда Искариот был урожденным менеждером-логистиком, он еще обладал практическим опытом в этом деле.

Так может быть, именно где-то здесь кроется ключ к разгадке? Обобщая все вышесказанное про происхождение и воспитание Иисуса Христа, Марии Магдалены и Иуды Искариота, необходимо признать: разгадка лежит на поверхности. Иисус Христос, Мария Магдалена и Иуда Искариот принадлежали к одному и тому же социальному слою.

Хорошо известно, что люди, принадлежащие к различным социальным группам, отличаются по своим интересам и шкале ценностей. То же самое, причем даже в большей мере, справедливо и в отношении людей, принадлежащих к различным социальным слоям общества; тем более, когда речь идет об обществе, в котором социальные различия проявляются настолько резко, как в древней Иудее.

Давайте снова вернемся к пресловутой «жадности и сребролюбии» Иуды Искариота. Хорошо известно, что воспитание и жизнь в различных социальных группах вырабатывает у людей совершенно разные привычки и взгляды на то, что нужно и что необходимо. Эту разницу приблизительно можно сравнить с тем, как живут люди в приграничных районах по разные стороны границы: вроде бы все у них то же самое, но иные традиции, соответственно иной стиль жизни, да и интересы различны. Поэтому и шкала ценностей будет отличаться. То есть если этих людей спросить, что они считают нужным для жизни, ответы последуют разные.

Вот несколько примеров вопросов, на которые последуют совершенно разные ответы, если задать их людям, принадлежащих к разным социальным группам. Что лучше покупать, много дешевых вещей или пару дорогих? Много овощей или один экзотический фрукт? Большой пакет фарша или кусочек вырезки? Ящик пива или бутылку дорогого вина?

На эти и аналогичные им вопросы нет и не может быть правильных или не правильных ответов. Все зависит от людей, их вкусов, привычек и стиля жизни. Последние, обычно, как раз и формируются под влиянием социальной группы. Ну, а поскольку социальные группы бывают разные, то любой ответ на вопросы, подобные вышеназванным, будет одновременно и правильным, и не правильным. Все зависит от конкретного человека и той ситуации, в которой он находится и которая в большинстве случаев определяется образом жизни этого человека.

Вот вам и другое возможное объяснение «жадности и сребролюбия» Иуды Искариота. Поскольку он был воспитан и привык жить при дворе, его шкала ценностей и, соответственно, понятия о том, что важно и нужно для жизни значительно отличались от того, что считали люди среднего класса, к которым принадлежали остальные ученики Иисуса. То есть при закупках Иуда Искариот, очевидно, руководствовался другой шкалой ценностей, и его выбор, таким образом, с точки зрения группы зачастую был не правильным. В таком случае раздражение, испытываемое членами группы в отношении него, становится понятным и легко объяснимым.

А теперь давайте примем во внимание политическую обстановку, существовавшую в тот момент в стране и сложившуюся вокруг группы. Итак, мы знаем, что ответственность за то, что мы сейчас называем экономическим положением группы, возложена на Иуду Искариота. То есть именно он должен решать все проблемы, связанные с наличием, использованием или отсутствием денег. А проблемы эти существуют.

Во-первых, необходимо ежедневно покупать еду и платить за ночлег, а регулярные доходы отсутствуют. Значит есть необходимость что-то откладывать на тот случай, если пожертвований будет недостаточно для покупки нормального количества еды – хотя я не сомневаюсь в том, что Иисус был против любых накоплений.

С другой стороны, общая политическая обстановка была такова, что в любой момент могла возникнуть необходимость в бегстве, то есть в неожиданно больших тратах, наличие средств на которые должен был обеспечить он, Иуда Искариот, ответственный за общую кассу. Так что мы с легкостью обнаруживаем и еще одну возможную причину «жадности и сребролюбия» Иуды.

Ну, а теперь, когда у нас есть ответы, все кусочки мозаики ложатся на свои места. Имея в виду все вышесказанное, мы замечаем, что единая группа учеников Иисуса, включая Его самого, на самом деле состоит из двух совместно существующих, но имеющих между собой значительные различия групп людей; эти различия обусловлены социальной принадлежностью их участников.

Первая группа состоит из людей «благородного происхождения и воспитания»; это сам Иисус[4], Мария из Магдалы и Иуда Искариот. Они общаются, как равные, и имеют между собой намного более тесные отношения, чем существуют между каждым из них и любым из остальных участников объединенной группы. Это подтверждается разницей в манере разговора Иисуса и нашло свое отражение в текстах евангелий. Разговаривая с Марией Магдалиной и Иудой Искариотом, Иисус позволяет себе проявить свои личные эмоции, что нормально, когда разговор идет между друзьями, но совершенно исключается, когда учитель проводит занятие с учениками.

Все остальные ученики Иисуса составляют вторую группу. Сюда входят люди, принадлежащие к «среднему» классу, т.е. люди «не благородного» происхождения. Общаясь с этими людьми, Иисус держится и разговаривает совершенно по-другому. Здесь Его примеры просты и наглядны, а формулировки и философские построения отличаются лаконичностью и четкостью. Здесь Он учит, разъясняет, отвечает на вопросы, в то время, когда Его личные чувства и эмоции практически не заметны.

Это, кстати, находит свое отражение и в иллюстрациях к евангельским текстам. На них Иисус всегда изображается, как бы, на возвышении; Он как будто отдален от всех остальных участников действа. Это типичный пример картины «Учитель в классе», о чем я упоминала в самом начале книги. Тексты канонических евангелий действуют на подсознание художника таким образом, что он просто не в состоянии построить композицию иначе.

Совсем другое впечатление складывается, когда читаешь евангелие от Марии из Магдалы и евангелие от Иуды. Здесь Иисус учит, но не только. Здесь Он *делится* своим знанием, своими видениями, своими мыслями... Эти трое разговаривают, как равные, как *друзья*. Иисус не только *говорит* им, Он *разговаривает* с ними.

Это трое говорят на одном языке; они намного лучше понимают друг друга, чем любой из прочих учеников понимал Иисуса. Поэтому и существовала разница в том, как Иисус разговаривал с Марией Магдалиной и Иудой Искариотом и кем угодно из второй группы. Именно это было самым большим источником раздражения членов группы по отношению к Иуде Искариоту и причиной его неприятия в качестве равного члена. Отсюда вырастала ревность, замешенная на социальном неравенстве и культурной разнице.

И было еще одно, о чем мы с вами поговорим в следующей главе.

Примечания:

1. Матфей 26:6-13; Марк 14:3-8; Иоанн 12:1-8
2. Матфей 26:8-9; Марк 14:4-5
3. Может быть она, прежде всего, влюбилась в Иисуса? Женщины обычно разделяют интересы и взгляды тех, кого любят.
4. Интересно, что внимательно читая канонические евангелия, мы находим там подтверждение того, что Иисус сам знал о том, что является помазанным царем иудеев. Именно поэтому Он никогда не подтверждает, но и не отрицает этого. Мы читаем:

«И когда Иисус окончил слова сии, народ дивился учению Его, ибо Он учил их, как власть имеющий, а не как книжники и фарисеи.» (Матфей 7:28-29)

Именно поэтому Иисус подчеркивает разницу между собой и своими учениками в приведенных ниже цитатах, а также и в других местах:

«Ученик не выше учителя, и слуга не выше господина своего: довольно для ученика, чтобы он был, как учитель его, и для слуги, чтобы он был, как господин его...» (Матфей 10:24-25)

«Помните слово, которое Я сказал вам: раб не больше господина своего. Если Меня гнали, будут гнать и вас; если Мое слово соблюдали, будут соблюдать и ваше.» (Иоанн 15:20)

Возможно, это был секрет полишинеля, то есть секрет, о которм знали все? В конце концов, ведь не случайно же на том кресте, на котором распяли Иисуса, Понтий Пилат написал: INRI, что является сокращением латинской фразы: «Iesus Nazarenus Rex Iudaeorum», т.е.: «Иисус Назарянин, Царь Иудейский» *(Матфей 27:37. Марк 15:26, Лука 23:38, Иоанн 19:19-22).*

К этому следует добавить еще одно. *Учитель* всегда рад, когда его ученик превзошел его, но *царь* никогда не примет ситуацию, когда слуга поднимется выше его.

11

ПЕТР

Когда речь заходит об апостолах, то первое, что мы о них знаем и можем сказать, это то, что их было двенадцать. Мы также знаем их имена[1]: Симон (Петр), Андрей (его брат), Иаков и Иоанн Зеведеевы, которых мы уже упоминали; Филипп, Варфоломей, Фома, Матфей (Левий), о котором мы тоже уже вспоминали; Иаков Алфеев, Леввей (Фаддей), Симон Кананит и Иуда Искариот, о котором мы с вами говаривали в предыдущей главе. После самоубийства Иуды Искариота вместо него был выбран Матфий[2].

Однако не про всех апостолов нам известно одинаково много. Некоторые из них оказались, как бы сказать, более заметными, и мы знаем о них чуть больше, чем о других. Например, мы знаем, что Матфей (Левий) был мытарем, т.е. сборщиком податей; нам известно, что отца братьев Иакова и Иоанна звали Зеведей и что он имел возможность нанимать работников, хотя все же и сам должен был принимать участие в работе. Однако самым известным из всех апостолов, безусловно, является Петр (Симон).

Что касается последнего, то нам известно его настоящее имя – Симон[3]. Мы также знаем, что в момент исторической встречи с Иисусом он вместе со своим братом Андреем рыбачил. Нам также известно, что их отца звали Иона и что жили они в городе Бетсаида (Вифсаида), расположенном на берегу озера Генесарет в Галилее[4]. Но правда ли, что Симон (Петр) был *только* рыбаком?

Первое, что не сказано, но о чем можно догадаться, это то, что Симон (Петр) был старшим братом, а Андрей – младшим. Именно поэтому каждый раз, когда их имена упоминаются рядом, они следуют именно в этом порядке: сначала Симон (Петр), затем Андрей. Старший важнее, поэтому его называют первым. Еще нам известно, что к моменту встречи с Иисусом Симон (Петр) был уже женат и его теща[5] жила вместе с ними. Нам также известно, что его брат Андрей тоже жил с ними же.

Второе. Когда рыба поймана, с ней необходимо что-то делать; улов нужно продать. Этот момент представляется очень важным для понимания нашей истории. Теперь давайте порассуждаем.

В принципе, существуют два основных способа продажи. Продать можно оптом или в розницу. Обычно рыбаки, вернувшись с рыбалки, не занимаются тем, что едут с уловом в город, чтобы его продать. Тут же на берегу они продают улов перекупщикам. Доставкой выловленной рыбы в город и ее продажей на базаре занимаются другие люди. Предположим, что и братья Симон и Андрей продавали выловленную рыбу перекупщикам.

Кто мог быть ответственным за продажу улова и расчеты с торговцами? Естественно предположить, что это была ответственность старшего мужчины в семье, Симона (Петра).

Участие их отца в деле рыбной ловли и продажи улова под вопросом, поскольку в этой связи он нигде в летописи не упомянут в отличие от отца Иакова и Иоанна Зеведеевых. Логично предположить, что на тот момент, когда произошла памятная встреча братьев с Иисусом, их отца или не было в живых, или братья Симон и Андрей жили отдельно и вели свое дело самостоятельно. В любом случае получается, что именно Симон (Петр) был главой семьи и отвечал за торгово-финансовые операции.

А если допустить, что улов на продажу в город возили сами братья или хотя бы один из них? Или что продажами занимался их отец, у которого к этому времени была своя лавка и который передал часть своего дела (ловлю рыбы) сыновьям?

Как ни смотри, а в любом случае получается, что в жизни братьев элемент торговли присутствовал. Мало того, он еще занимал в их жизни важное место, потому что в конечном итоге прибыль приносил не только и не столько удачный улов, как хорошо проданный улов.

Таким образом становится ясным, насколько большое место в их жизни занимал элемент торговли. А самая значительная роль в ней принадлежала Симону (Петру), поскольку именно он был главой семьи и на нем лежала ответственность за благополучие всех ее членов. Все зависело от его способности к проведению успешных торгово-финансовых операций. Симон (Петр) по-просту не мог не иметь менталитет торговца; это была его обязанность и его ответственность. На самом деле, я считаю, что он имел врожденный талант к торговле. По-видимому, он был настолько же урожденным торговцем[6], купцом, как Иуда Искариот – менеждером-логистиком.

И сейчас я объясню, почему считаю, что этот момент настолько важным. Видите ли, гипноз может очень многое изменить в человеке, находящемся под его воздействием. Человека можно заставить забыть очевидное или вспомнить никогда не происходившее. Но *сама личность человека, ход его мыслей и основные характеристики его индивидуальности* остаются неизменными – если гипнотизер не ставит перед собой задачу воздействовать именно на них. Но даже в том случае, если перед ним стоит такая задача, результат воздействия будет ничтожным или его не будет вообще; неоднократно проводившиеся эксперименты подтверждают это однозначно.

Иисус перед собой такую задачу не ставил. Через 2000 лет история доносит до нас Его слова: «*Идите за Мною!*». Все! Ничего больше! Никакая другая задача поставлена не была. Ничего, касающегося изменения личностных характеристик. Люди, последовавшие за Иисусом по Его призыву остаются сами собой во всем, кроме того, что они, как привязанные, повсюду следуют за Ним. Они стали его постоянными спутниками, учениками, апостолами.

И все же, несмотря на то, что эти люди повсюду следуют за Иисусом, они не перестают в Нем сомневаться. Мы неоднократно читаем, как Иисус упрекает[7] их в этом. Это, кстати, еще раз подтверждает то, что их личности в результате внушения не измененились: Иисус приказал им *следовать* за Ним, не *верить* в Него. Он не *внушает* им свои мысли, но *учит* их.

Вот и у Петра остался менталитет торговца, а это, как известно, предопределяет склад мышления человека. Чтобы добиться успеха в любой профессии, надо уметь думать соответственно.

Действия Иисуса, доверившего общую кассу Иуде Искариоту, а не Петру (Симону), неизбежно сильно травмировало его. Петр считал себя человеком умным, опытным, умеющим обращаться с деньгами и заботиться о ближних – и я не сомневаюсь в том, что он действительно был таким. К тому же Петр был глубоко и искренне предан Иисусу, в чем также ни у кого сомнений не возникает. Однако Иисус отдает предпочтение Иуде Искариоту. Петр не мог не почувствовать себя обиженным, и у него не могло не возникнуть резко отрицательного отношения к Иуде Искариоту. Если же Иуда Искариот был значительно младше Петра, а такое мнение существует, то негативное отношение к нему Петра оказалось бы подкреплено эмоциями, спровоцированными конфликтом поколений.

В конечном итоге, Петра можно понять, просто поставьте себя на его место. Петр (Симон) был человек зрелый, опытный, имеющий многолетний опыт успешного ведения дел, в том числе финансовых, в пользу всей своей семьи, которую он же и обеспечивал. Он с самого начала был всей душой предан Иисусу, а тот вдруг неожиданно доверяет распоряжаться деньгами их маленькой общины не ему, а какому-то новичку, выскочке, чужаку среди Его учеников. Он, Петр, был с Иисусом с самого начала путешествия, а Иуда присоединился только сейчас, здесь. Иуда ведет себя непонятно, и вообще неизвестно, чего от него можно ожидать. Ясно, что Петр не мог не испытывать ревности и раздражения в отношении последнего. Не отголоски ли этих чувств доносит до нас история?

А сейчас давайте на некоторое время отложим эту тему и, несмотря на прошедшие пару тысяч лет, попробуем разобраться, что же за человек был Петр (Симон).

Ну, все положительное про него мы уже знаем; церковь тщательно сохранила это в своих канонах и традициях. Именем Петра открывает список двенадцати избранных[8]; о нём Иисус Христос говорит:

«Ты Пётр, и на сем камне я создам церковь мою, и врата ада не одолеют её,» (Матфей 16:18)

Ему предназначает Христос ключи Царства Небесного[9], и ему говорит Христос:

«...паси овец Моих,» (Иоанн 21:16)

В канонических евангелиях мы читаем, что Петр непрестанно свидетельствует Христу свою любовь и преданность. Однако во время Тайной вечери Христос между прочим предрекает его троекратное отречение:

«...истинно говорю тебе, что в эту ночь, прежде нежели пропоет петух, трижды отречешься от Меня,» (Матфей, 26:34[10])

После воскрешения Иисус является своим ученикам, из них первому – Петру. При этом Иисус троекратно спрашивает Петра, любит ли он Его? Петр трижды отвечает утвердительно, после чего Иисус назначает его первым среди учеников[11]. Это троекратное подтверждение снимает троекратное отречение Петра – в всяком случае, так нам это объясняют.

Затем Петр возглавляет совет учеников, на котором избирается замена Иуды Искариота и публично объявляет Пятидесятницу[12]. (Не вызывает сомнений, что Петр действительно был харизматическим лидером.) Одновременно Петр начинает проповедовать, сотворяет много чудес и в конце жизни добровольно возвращается в Рим, чтобы подвергнуться казни на кресте. Позже устанавливается институт папы римского, объявляя епископа Рима преемником Св.Петра, главой всей церкви и наместником Бога на земле.

А что рассказывают тексты апокрифов? Может быть, мы там найдем что-нибудь существенное в дополнение к уже известному? Ведь не все же они «*отличаются... пристрастием к преувеличению и чудесности*», как об этом пишут. [13]

Евангелие от Фомы совсем не похоже на евангелие от Марии из Магдалы. Эти документы датируются приблизительно одним временем; первое – серединой первого века н.э., второе – началом второго. Они написаны совершенно разным языком, и речь в них идет о совсем разных вещах, хотя... Есть в евангелии от Фомы один эпизод... И подобный же эпизод еще более подробно рассказывается в евангелии от Марии из Магдалы... Но будет лучше, если я приведу здесь эти цитаты полностью.

Итак, евангелие от Фомы:

«118. Симон Петр сказал им: Пусть Мария уйдет от нас, ибо женщины недостойны жизни. Иисус сказал: Смотрите, я направлю ее, дабы сделать ее мужчиной, чтобы она также стала духом живым, подобным вам, мужчинам. Ибо всякая женщина, которая станет мужчиной, войдет в царствие небесное.»

Евангелие от Марии из Магдалы:

«36. Сказав это, Мария умолкла, так как Спаситель говорил с ней до этого места.

37. Андрей же ответил и сказал братьям: "Скажите-ка, что вы можете сказать по поводу того, что она сказала. Что касается меня, я не верю, что Спаситель это сказал. Ведь эти учения суть иные мысли".

38. Петр ответил и сказал по поводу этих самых вещей.

39. Он спросил их о Спасителе:"Разве говорил он с женщиной втайне от нас, неоткрыто? Должны мы обратиться и все слушать ее? Предпочел он ее более нас?"

40. Тогда Мария расплакалась и сказала Петру: "Брат мой Петр, что же ты думаешь? Ты думаешь, что я сама это выдумала в моем уме или я лгу о Спасителе?"

41. Левий ответил и сказал Петру: "Петр, ты вечно гневаешься. Теперь я вижу тебя состязающимся с женщиной как противники.

42. Но если Спаситель счел ее достойной, кто же ты, чтобы отвергнуть ее? Разумеется, Спаситель знал ее очень хорошо. Вот почему он любил ее больше нас. Лучше устыдимся! И облекшись совершенным человеком, удалимся, как он велел, и проповедуем евангелие, не ставя другого предела, ни другого закона, кроме того, что сказал Спаситель.»

Не кажется ли вам, что в обоих случаях происходит одно и то же, а именно Петр выступает против Марии, причем делает это только по той одной-единственной причине, что она – женщина? К тому же интонации, звучащие в тексте, позволяют предположить, что делает он это не впервые. Его товарищи проявляют по отношению к ней намного бо́льшую толерантность, и они даже упрекают его за эту нетерпимость.

Что же касается Иисуса, то Его отношение к женщинам совершенно иное. Если собрать вместе и проанализировать Его поступки и высказывания, относящиеся к женщинам, то получается, что Он фактически был чуть ли не первым борцом за их равноправие! Он выступал за их образование, а также за то, чтобы их приравнять в правах к мужчинам.

А что же Петр? Кроме уже приведенных двух отрывков, существуют и другие тексты, иллюстрирующие его негативное отношение к женщинам. В этой связи можно прежде всего упомянуть апокриф «Деяния Петра» [14], породивших целый ряд позднейших апокрифов, рассказывающих, прежде всего, о мученичестве Петра. Согласно текстам, Петр, помимо всего прочего, отвращает своей проповедью многих женщин от брака и «порочной жизни», чем неизбежно навлекает на себя ненависть римских властей и подвергается гонениям.

Просто удивительно, чем же женщины так перед ним провинились?..

А теперь давайте перескажем ситуацию еще раз, но уже современным языком, и давайте при этом попробуем абстрагироваться от имен действующих лиц.

Итак, в самом общем виде ситуация выглядит таким образом: один мужчина ненавидит женщин, считая их ничтожными созданиями, причем особенно ему отвратительна их сексуальность. В то же самое время этот же человек преданно и самоотверженно до конца своих дней любит мужчину, изумляя всех окружающих силой своей любви и преданности этому человеку. Особенно сильное раздражение у первого мужчины вызывает женщина, с которой у второго мужчины существуют особые, возможно близкие, отношения. Его раздражение этой женщиной достигает такой силы, что вызывет уже даже не недоумение, а недовольство его же товарищей. Более того, доброе, дружеское отношение уже упоминавшегося второго мужчины к третьему, который является его другом, также вызывает у первого резко негативные эмоции в отношении последнего.

Не наталкивает ни на какие мысли? Ситуация легко узнаваемая, не правда ли? Вы уже догадались о причине происходящего? Теперь можно назвать имена, или вы их уже знаете сами?

Да, я считаю, что Петр (Симон) был гомосексуалистом, хотя может быть, он сам об этом и не догадывался; так тоже иногда бывает. Его любовь к Иисусу носила настолько всепоглощающий характер (что, впрочем, не помешало ему отречься от Иисуса в критический момент), что приводила в изумление современников. Петр даже вернулся в Рим, чтобы принять мученическую смерть, попросив распять его вниз головой, поскольку, как нам рассказывает легенда, он не мог допустить мысли о равенстве с Иисусом даже в смерти.

Нереализованная сексуальность, нашедшая свое выражение в религиозном фанатизме... Не первый и не последний случай в истории человечества.

Искренняя любовь, которая была бы достойна восхищения, если бы не те последствия, которые она повлекла за собой для всех нас.

Что касается последствий, то о них мы поговорим в самом конце этой книги, в Заключении.

Примечания:

1. Матфей 10:2
2. Деяния 1:23
3. Деяния 15:14; 2 Петр 1:1
4. Иоанн 1:42, 44
5. Марк 1:29-31; Лука 4:38-39
6. Мы позднее вернемся к другим моментам, подтверждающим это предположение.
7. Матфей 6:30, 8:26, 14:31, 16:8; Лука 12:28
8. Матфей 10:2; Марк 3:16; Лука 6:14
9. Матфей 16:18-19
10. Также Марк 14:30; Лука 22:34; Иоанн 13:38
11. Иоанн 21:14-17
12. Деяния 1:12-26, 2:14-40
13. Просто поразительно, какой ненавистью дышат слова Петра, когда он говорит о Иуде Искариоте, см. Деяния 1:17-20

12

КАК ЭТО БЫЛО

Для того чтобы событие запомнилось, оно должно быть странным, непонятным, удивительным, необъяснимым, нелогичным, пугающим – одним словом, оно должно отличаться от того, с чем мы встречаемся каждый день. Такие события вызывают интерес и требуют объяснений. Чем больше событие отличается от повседневности, тем лучше мы его запоминаем.

Чтобы история вызвала интерес и запомнилась, в ней должно присутствовать хотя бы одно такое событие. В истории про Иисуса Христа таких событий несколько. Давайте вспомним их еще раз и попробуем составить схему.

1. Забеременевшая до замужества Мария и поступивший от Ангелов приказ Иосифу жениться на ней.
2. Семья, перед самыми родами отправившаяся в путь и странное место, в котором Мария рожала. Сюда же относится визит к ребенку волхвов (или трех королей) и пастухов.

3. Слухи о рождении настоящего царя иудеев, последовавший за этим приказ Ирода Великого об уничтожении младенцев мужского пола (с приблизительным указанием возраста ребенка) и новый визит Ангелов к Иосифу с предупреждением о необходимости немедленно покинуть страну.

Далее идет период, когда ничего странного не происходило и о котором нам поэтому ничего не известно.

4. Визит Ангелов к Иосифу, последовавший за смертью Ирода Великого, с приказом вернуться в страну. Иосиф повинуется и вместе с семьей возвращается в Назарет.
5. Иисусу 12 лет. Во время посещения Иерусалимского храма Он отстает от родителей и остается разговаривать с учителями.

Затем следует еще один период неизвестности. Очевидно, в этот период тоже не произошло ничего из ряда вон выходящего.

6. Иисусу около тридцати. Он приходит к Иоанну Крестителю с требованием произвести над Ним обряд крещения. Обряд совершен, и тут события начинают нарастать, как снежный ком: видение, в котором Иисус объявляется Сыном Божьим; последовавшие за этим события, вызвавшие арест и казнь Иоанна Крестителя; Иисус вынужден покинуть город.

7. Иисус идет в Иерусалим. По дороге Он набирает учеников, учит, проповедует, исцеляет людей и творит чудеса. Он начинает называть себя Сыном Божьим.

8. Тайная вечеря. Иисус впервые совершает обряд евхаристии. Он посылает Иуду совершить предательство и между прочим говорит о предстоящем троекратном отречении Петра.

9. Гефсиманский сад. Ученики спят, Иисус молится. Приближается назначенное время. Иисус будит учеников и идет к месту встречи с Иудой. Арест Иисуса, поцелуй Иуды, троекратное отречение Петра.

10. Смерть Иисуса на кресте, самоубийство Иуды, погребение Иисуса.

11. Воскресенье – и тут начинается вообще непонятное: отодвинутый от входа в пещеру камень, отсутствие тела Иисуса на месте погребения и оставленная в пещере ткань, в которую Его тело было завернуто во время погребения, состоявшегося за два дня до того.

Вот, вроде бы, и все. Остальное, в том числе чудеса, явления и все объяснения, появились позднее. Ах да, к этому же списку можно отнести и следующее:

12. Предупрежденный учениками о планируемом аресте Святой Петр покидает Рим. За воротами города он встречает Иисуса и разговаривает с Ним, после чего возвращается и сдается властям. Казнь Св. Петра, его последняя просьба и последняя проповедь.

Итак, по порядку. Как вы сами понимаете, девушки беременеют и до свадьбы, в этом нет ничего ни странного, ни удивительного – но вот визит Ангела к Иосифу с распоряжением жениться на ней уже не понятен. Обычно подобными вопросами занимается семья девушки, причем они разбираются с виновником происшествия или его семьей, а не с посторонним человеком. Впрочем, бывают ситуации, при которых действительно приходится искать «приличное» объяснение внезапной беременности. Одну из таких ситуаций мы с вами разбирали.

Дальняя поездка с женщиной на сносях – не большое удовольствие. Согласитесь, требуется серьезная причина, для того, чтобы ее предпринять. Возможную причину, роды и все связанные с этим странности, включая отъезд семьи в Египет и возвращение в Назарет, мы уже обсуждали.

Двенадцать лет – возраст пубертации. В этом возрасте ребенок уже считает себя взрослым (а в южных странах тем более), но вот тормозные системы у подростков пока еще развиты не достаточно; это утверждают ученые, и это же мы все знаем на собственном опыте. В этом возрасте очень многие подростки стремяться показать себя самостоятельными и «самыми умными». Иисус – в их числе. К тому же, полученные дома знания просятся наружу, а в храме Иисус впервые встречает достойных собеседников.

О крещении Иисуса и о связанных с этим событиях мы тоже подробно говорили; этому было посвящено две главы.

Ну а теперь я расскажу вам, что и как произошло той далекой весной, когда были заложены основы нашего сегодняшнего мира и христианства в том виде, в каком мы его застали.

1

Итак, примем как факт, что в основу философии и взглядов Иисуса Христа легли Его сны и видения, появившиеся в результате Его способности к сверхчувственному восприятию и нарушения баланса Системы. Именно из этих снов и видений брал Он свои идеи, и этим же в значительной степени руководствовался в поступках.

Видите ли, я действительно считаю Его в определенной степени богочеловеком. Под этим я подразумеваю, что Он обладал способностью «считывать» информацию из Системы, а также в определенной степени управлять той огромной духовной силой, которая была Ему присуща. И самое главное – я не боюсь еще раз это подчеркнуть – Он был действительно особенным человеком. Его отношение к людям и к миру в целом было невероятно положительным. Иисус был воспитан, чтобы быть царем, хотя по необходимости вынужден был скрывать свое имя и свое положение. Ему было присуще глубокое понимание своего места в мире, и Он обладал обостренным чувством ответственности.

Под влиянием снов и видений, показывающих страшное будущее, которое ожидает мир и людей, если ничего не изменится, Иисус оставляет свою нормальную жизнь, принимает крещение и начинает свой путь на Голгофу. Пытаясь спасти мир и свой народ, Иисус начинает проповедовать новое, более гуманное учение. Это – единственный путь, который Он видит для того, чтобы избежать неизбежное и изменить будущее. Иисус рассказывает свои видения людям и прежде всего своим ученикам, как приближающуюся реальность, как то, что должно произойти. В это время Он уже напоказ занимается целительством, открыто предъявляя все свои способности как доказательство того, что Он действительно посланник и Сын Божий. Он видел это в видении, последовавшем за обрядом крещения, и Он рассказывает это, как реальность; то же самое рассказывал Иоанн Креститель. Иисус безоговорочно верит в это, имея в виду свое духовное перерождение.

Иисус покидает место, где жил Он сам и где жила Его семья, с гречью говоря:

«*...не бывает пророк без чести, разве только в отечестве своем и в доме своем.*» (*Матфей 13:57*)

По пути в Иерусалим Иисус собирает группу учеников из числа тех, кого встречает на своем пути; впоследствии эти люди станут апостолами. Возможно, что Он и в этом руководствуется своими снами, но об этом мы ничего не знаем. Известные нам источники нигде не указывают, как именно Иисус выбирал своих учеников[1]. С другой стороны, это только естественно, кому в то время Он мог об этом рассказать? Такие вещи обычно рассказывают только близкому человеку, тому, кто полностью понимает тебя, а такого человека в тот момент у Него еще не было.

Иисус отказывается от своей прежней жизни и, возможно, от всех своих старых привычек и полностью посвящает себя новой задаче: *Он учит.*

Впечатление такое, что что-то подгоняет Его. Это «что-то» – информация, получаемая из Системы и ее все возрастающий пресс.

Иисус не дает ни малейшей передышки ни себе, ни сопровождающим его ученикам. В это время вся Его жизнь и все разговоры вращаются вокруг одного – нового учения, в которое Иисус верит сам, и которое Он считает своим долгом разъяснить как можно большему количеству народа. Это и заставляет Его рассказывать огромное количество историй, иллюстрирующих идеи, которые Он считает своим долгом довести до сознания людей.

2

И Он лечит, исцеляет – одним прикосновением, одним взглядом… Впечатление такое, что Он не прилагает к этому никаких усилий, что Ему это ничего не стоит… Но только тот, кто сам хотя бы раз смог помочь таким способом другому человеку, знает, как много сил уходит при этом и насколько изматывает этот процесс.

Иисус работает до полного изнеможения, подгоняемый своими видениями, теми не говорить о которых Он не может, а может быть и теми, о которых Он в то время ничего не рассказывает. Может быть, просто потому, что не́кому было? Ну, не было в тот момент рядом с Ним человека, с которым Он мог просто поговорить, облегчить свою ношу – тот груз ответственности за будущее мира и своего народа, который Он нес на своих плечах.

Строго говоря, это и была та Голгофа, на которую Он шел, неся на плечах тяжелый крест: давление Системы, требующей изменений в жизни человечества; знания, которые Он был не в состоянии ни осознать в полной мере сам, ни объяснить другим; причину, по которой Он был распят. Он нес этот крест, как позже понесет деревянный, на котором Его распнут и на котором Он в мучениях закончит свои дни.

И все время Иисус говорит о крови, о приближающихся трагедиях, которые преследуют Его в видениях и которые необходимо предотвратить. Как? – Нужно отказаться от старого учения, проповедующего агрессию в людях, не обращая внимания на то, каким бы «правильным» это учение ни выглядело, и принять новое, более гуманное учение, сосредоточившись уже не на внешней форме, а на внутреннем содержании, которое дает людям надежду и обещает вознаграждение за все хорошее.

Исследователи утверждают, что в то время и в той местности было много проповедников, пропогандирующие аналогичные взгляды. Все они кончали одинаково: они были убиты, большинство – распято. Это был знак того времени.

3

По счастью, неожиданно Иисус получает помощь. К группе присоединяются Иуда Искариот, а несколько позже и Мария из Магдалы. Эти люди, принадлежат к тому же слою общества, что и Иисус. Ему становится немного легче; теперь у него есть друзья, с которыми можно поговорить.

Понятно, что доверие приходит не сразу; и установление дружеских отношений требует времени.

Но все же это происходит, и Иисус получает моральную поддержку. Рядом с Ним появляются люди, у которых Он встречает сочувствие и понимание и с которыми Он может поделиться своими самыми сокровенными мыслями и переживаниями.

Но вот что интересно: ни в евангелии от Иуды, ни в евангелии от Марии мы не найдем рассказов о самом главном, о том, *что* подгоняло Иисуса, о том, что должно было произойти и что явилось причиной Его позднейших действий. Очевидно Он просил их об этом не рассказывать. Но кроме слов, есть еще и поступки, и они говорят сами за себя...

4

Дело идет к развязке – Иисус снова начинает видеть *особенные* сны. Только теперь они заставляют Его идти на смерть. Чем-то эти сны похожи на те видения, которые заставили Его изменить свою жизнь; но тогда Он искал спасения от ужаса дьявола, а теперь Его подталкивает Бог...

Очевидно, что эти сны появлялись неоднократно. Это обычные сны человек видит один раз, а потом они уходят. Но человек, подвергающийся давлению Системы, ощущает это совсем по-другому. Эти сны и видения не исчезают, они приходят раз за разом, стоят перед глазами, давят, требуют действия. Что Он видел?..

Иисус измотан. Он полностью выжат; Он в отчаянии. История доносит до нас Его состояние: в Гефсиманском саду Иисус молит о пощаде. Ответа нет... Иисус понимает, что неизбежное остается неотвратимым.

Он больше не может ни думать, ни говорить ни о чем другом, кроме того, что Его ждет и через что Он обязательно должен пройти.

Понимаете, это сейчас у нас, вроде бы, есть выбор. Мы умные, мы много знаем… И все же и сегодня среди нас живут фанатики, бичующие себя до глубоких ран и добровольно распинающие себя на кресте во имя Христа. А разве этому Он учил?.. Так как же можно ожидать, что Он не выполнил бы того, что, как Он верил, от Него требовал Бог?

Иисус не может не говорить о своих видениях. Он рассказывает их постоянно, но все же самым сокровенным Он делится только со своими самыми близкими людьми, с друзьями: с Иудой Искариотом и с Марией из Магдалы. Только им Он мог доверить те видениями, которые стали причиной всех дальнейших событий.

Отголоски этих разговоров доносит до нас евангелие от Иуды и евангелие от Марии. Только отголоски, без чего-то очень важного для нашего понимания истории... Может быть, Он просил об этом не рассказывать? А может быть, Он и сам верил не до конца?..

5

Наступает последний вечер, Тайная вечеря. Нервы Иисуса на пределе – Он больше не в состоянии выдерживать напряжения. Что бы ни произошло – пусть оно произойдет быстрее, СЕЙЧАС. Иисус отправляет Иуду Искариота, чтобы тот передал Его в руки властей;

Он отправляет своего друга совершить предательство. И только об одном просит Иисус Иуду[2]:

«... что делаешь, делай скорее.» (Иоанн 13:27)

Иисус не скрывает того, что посылает Иуду выдать его властям, Он слишком устал и не может ни думать, ни говорить ни о чем, кроме того, что Его ожидает и через что Он должен пройти. Но то, о чем говорят при всех во время Тайной вечери эти двое, является продолжением разговора, который они начали наедине задолго до этого:

«Но никто из возлежавших не понял, к чему Он это сказал ему.» (Там же, 28)

Мы можем заметить, что Иисус наверняка неоднократно обсуждал с Иудой, кого выбрать на эту роль, кто сможет выполить настолько ответственное задание. В конце концов Иисус выбрал своего самого доверенного человека, своего друга. Но это решение пришло к Нему в последнюю минуту, именно поэтому Иисус воспользовался таким странным способом, чтобы отдать свое распоряжение:

«... Иисус возмутился духом... и сказал: истинно, истинно говорю вам, что один из вас предаст Меня.
Тогда ученики озирались друг на друга, недоумевая, о ком Он говорит.
Один же из учеников Его, которого любил Иисус, возлежал у груди Иисуса.
Ему Симон Петр сделал знак, чтобы спросил, кто это, о котором говорит.
Он, припав к груди Иисуса, сказал Ему: Господи! кто это?

Иисус отвечал: тот, кому Я, обмакнув кусок хлеба, подам. И, обмакнув кусок, подал Иуде Симонову Искариоту.» (Там же, 21-26)

Иуда повиновался.

«Он, приняв кусок, тотчас вышел; а была ночь.» (Там же 30)

Здесь же между прочим не уделяя этому особого внимания, Иисус говорит о троекратном предательстве Петра. Несмотря на все свои заверения в любви и преданности, в минуту опасности Петр от Него откажется…

«Петр сказал Ему: Господи! почему я не могу идти за Тобою теперь? я душу мою положу за Тебя.
Иисус отвечал ему: душу твою за Меня положишь? истинно, истинно говорю тебе: не пропоет петух, как отречешься от Меня трижды.» (Там же 37-38)

И все происходит по плану. Иуда идет к власть имущим и предлагает им указать Иисуса, на что те с радостью соглашаются. Заплаченные деньги Иуда выбрасывает; отнюдь не меркантильными соображениями руководствуется он в своих поступках. Им движет преданность к тому, кто его послал, и вера в Его правоту. Хотя, судя по тому, как долго Иисус уговаривал его это сделать, сомнения у Иуды были значительные…

Иуда вместе со стражниками идет к условленному месту встречи[3] в Гефсиманских садах. Туда, где Иисус «отдыхает» вместе со своими учениками. На самом деле Он ожидает ареста, прощается с миром и собирается с силами. Когда подходит условленное время, Иисус будит учеников и идет навстречу своей судьбе.

А кстати, знаете, зачем Иисус их будил? Да очень просто, потому что Ему нужны свидетели. Иисус знает, что дальше должно произойти и хочет, чтобы были люди, которые подтвердят, что это был именно Он – там, на кресте...

И снова Иисус подгоняет Иуду.

Иуда подходит к Иисусу, обнимает и целует Его. Он прощается с любимым другом и учителем[4]. Иуда знает о страшной мучительной смерти, которая ожидает Иисуса; он также знает, что только так можно выполнить условие, позволяющее осуществиться предсказанному. Тому, что предсказал сам Иисус.

6

Иисуса уводят. Разгоряченная толпа начинает охоту за Его последователями, и Петр, в точном соответствии с предсказанием Иисуса, троекратно отрекается от Него.

Просто потрясающе, как ведут себя люди в этот момент! Даже если допустить, что хотя бы одна пятая часть историй о людях, которым помог Иисус, соответствует истине, то по идее, люди должны были бы выступить в Его защиту, чего, однако, не происходит. Те же самые люди, которые вчера еще слушали Его проповеди и, возможно, восхищались Им, сегодня ревут: *«Распни его!»*.

Именно о таком поведении пишет А.Л. Чижевский, о работах которого я уже писала:

«Исследователя… поражает удивительная способность человека вовлекаться в безумный вихрь психических или психопатических эпидемий. Еще вчера жестоко обличавший то или иное массовое движение, сегодня он становится сам его адептом, его жертвой. Психическая инфекция проявляет себя быстро и решительно, охватывая молниеносно огромные круги населения.» [15]

Все это происходит под влиянием чрезвычайно возросшей активности солнца.

Кстати, если бы историки воспользовались результатами работ исследований солнечной активности, вероятно можно было бы с большой достоверностью определить дату описываемых событий.

7

Казнь. Иисус распят. И вот здесь начинает происходить самое главное:

«…около девятого часа возопил Иисус громким голосом: Или’, Или’! лама’ савахфани’?» (Матфей 27:46),

то есть:

«Боже Мой, Боже Мой! для чего Ты Меня оставил?».

Понимаете, Иисус хорошо знал, на что шел. Он не был первым или единственным, человеком, проповедовавшим в те времена альтернативное учение. Дураком, простите за грубое слово, Он тоже не был. Иисус знал, что Его смерть будет долгой и мучительной, однако *Он говорит не об этом*. Такое впечатление, что Он как будто чего-то *ждет*, однако это *что-то* не происходит.

Он ждет обещанное чудо. Чудо, которое Он видел в своих видениях и которое должно подтвердить правильность Его учения. То чудо, которое должно изменить мир; главный смысл Его существования; то, во имя чего Он вообще делал все то, что делал, навсегда отказавшись от своей прежней жизни.

Но мы живем в реальном физическом мире, в котором действуют реальные физические законы. Чудо не произошло. Иисус умер, распятый на кресте.

8

Евангелие от Иуды обрывается на моменте ареста Иисуса.

Из других евангелий мы знаем, что Иуда покончил с собой, совершив самоубийство. По утверждению евангелистов, он повесился, не выдержав груза раскаяния.

Хорошо бы было, если бы все предатели, по вине которых погибали невинные люди, поступали подобным образом! Жизнь, однако, демонстрирует нам совсем иные модели поведения людей, сознательно совершающих предательство.

Неужели нам следует поверить, что, обладая всеми теми характеристиками, которые ему приписываются, у Иуды Искариота были настолько высокие моральные убеждения, что он не выдержал конфликта с самим собой? Тогда не складывается версия о «грязном предателе» и о человеке, бывшем скопищем всех грехов. Кроме того, имея настолько высокие моральные стандарты, он просто не был бы способен на предательство.

Давайте зададимся вопросом, а в каких вообще ситуациях человек идет на самоубийство? Ну, как говорят психологи, попытки самоубийства совершают, во-первых, чтобы привлечь к себе внимание в надежде, что его / ее успеют спасти. Я сильно сомневаюсь, что здесь перед нами такой случай. И во-вторых, когда человек не видит для себя будущего, не находит выхода из ситуации и не видит впереди ничего светлого. Весь мир рушится, и для этого человека в нем нет места.

А вот это похоже на правду! Смотрите: чтобы заставить Иуду выдать Его властям, Иисус должен был рассказать ему причину, по которой это необходимо сделать. Мало того, Иисус должен был убедить его в необходимости этого, как и в том, что *обязательно будет чудо.*

Во время казни Иуда, так же, как Иисус, мучительно *ждет чудо.* Он ждет чудо, которое было предсказано Иисусом и которое *не происходит: Иисус умирает на кресте.*

И вот тут для Иуды Искариота рушится мир. Все, во что он верил и что проповедовал Иисус, оказалось ложным. *Чудо не произошло! Не произошло ничего из того, во что они верили и чем жили. Он действительно предал своего друга и учителя и обрек его на мучительную смерть.*

Чего уж тут удивляться, что он полез в петлю, кто бы такое выдержал...

Находясь в совершенном отчаянии от происшедшего или, точнее сказать, от того, что *не* произошло, Иуда приговаривает себя к самому страшному наказанию: он вешается на живом дереве. Согласно древней традиции, поступая таким образом, он становится проклятым Богом[5].

9

Пятница. Погребение Иисуса. Для погребения Его тело выдано Иосифу из Аримафеи по его просьбе. Иосиф из Аримафеи готовит тело к погребению. В соответствии с иудейской традицией, он оборачивает тело Иисуса «пеленами с благовониями»[6] и хоронит Его:

«...и положил его в новом своем гробе, который высек он в скале; и, привалив большой камень к двери гроба, удалился.» (Матфей 27:60)

Все правильно, согласно иудейской традиции, умершего необходимо похоронить в день смерти, т.е. в течении первых 24 часов.

Проходит суббота. Согласно древней традиции, в этот день никто не работает. Традиция очень уважаемая и свято соблюдаемая иудеями даже в наше время.

Воскресенье. Мария из Магдалы (возможно с женщинами) идут к захоронению Иисуса с благовониями, чтобы умастить Его тело.

ЧТО?!!! О ЧЕМ ВООБЩЕ ИДЕТ РЕЧЬ?!!! Подобный поступок не возможен ни в то время, ни в наши дни! Иначе, чем надругательством над могилой его и назвать нельзя!

Подумайте сами: человек похоронен, и его могила закрыта. И после этого, и после того, как прошел еще один день снова ее вскрывать?!!! Да в Средние Века за ме́ньшие преступления сжигали на костре!

Резко отрицательное отношение к вскрытию могил существует и в наши дни и по-прежнему сохраняет статус совершенно недопустимого действия, носящего вполне определенное название: ОСКВЕРНЕНИЕ ЗАХОРОНЕНИЯ. На такое может пойти только человек, движимый более, чем серьезными основаниями, и уж во всяком случае без свидетелей. А в нашей истории это собираются совершить *женщины*; причем *хорошие* женщины, которые соблюдают священную традицию субботы.

Нет, я никак не думаю, что подобное возможно. Сильно сомневаюсь, что умащение тела Иисуса было поводом Марии Магдалины для посещения Его могилы. Скорее всего, это объяснение было придумано специально для того, чтобы объяснить ее визит; причем сделано это было намного позже, когда уже существовала легенда о воскрешении Христа, а также о Его явлениях Марии Магдалине, Петру, апостолам, ученикам и просто людям, уверовавшим в Него.

10
Второй вариант; то, что происходило на самом деле.

Существовал третий человек, знавший, что во время казни Иисуса должно было произойти *чудо*. Этим человеком была Мария из Магдалы, второй человек, стоящий в стороне от основной массы учеников Иисуса и второй, а может быть, первый из наиболее близких Ему людей.

Мария Магдалина была женщиной, и она стремилась к знаниям. Иисус, со своей стороны, уважал и всячески поощрял это стремление в женщинах. Его мягкое, толерантное отношение к женщинам бросается в глаза каждому, кто внимательно читал Новый Завет.

Кроме того, что Мария Магдалена была женщиной, она была еще к тому же Его другом и человеком, говорившим с Ним на одном языке настолько, насколько вообще было возможно для женщины в те времена. Именно поэтому Иисус вел с ней те долгие беседы, о который рассказывается в евангелии от Марии и о которых упоминается а евангелии от Фомы. Именно поэтому Иисус не мог не поделиться с ней своими мыслями и переживаниями, так же, как Он не мог не рассказать о своем беспокойстве Иуде Искариоту.

Каждый человек испытывает потребность поделиться своими мыслями и соображениями и, что называется, облегчить душу. Особенно справедливо это утверждение в отношении человека, который находится под воздействием постоянного стресса, как это было с Иисусом. Когда приблизилась время идти на казнь, Он не мог не говорить с ней об этом. Были вещи, которые Он рассказывал всем, но было и то, чем Он делился только с близкими людьми.

Когда Он разговаривал с Иудой, это было нужно еще и для того, чтобы заставить того действовать – не мог же Иисус, в самом деле, пойти и добровольно сдаться властям, чтобы Его распяли. Когда Он разговаривал с Марией Магдалиной, Он должен был поговорить с ней просто потому, что она – женщина. Он не мог позволить себе причинить ей *такую* боль. Кроме того, нужно было как-то подготовить ее к тому, что должно было произойти, и сделать так, чтобы во время Его ареста и казни Мария не наделал глупостей и не навредила себе. Женщины часто действуют нерационально, они подвержены влиянию эмоций намного сильнее, чем мужчины, и им намного сложнее сдерживать свои порывы…

Происходит арест и казнь Иисуса, и Мария Магдалена ждет обещанное *чудо*, которое так и не происходит. И все же она, в отличие от Иуды Искариота, не совершает самоубийства. Почему?

Не вызывает сомнений, что она верила Иисусу, и когда обещанное чудо не произошло, мир вокруг нее должен был обрушиться точно так же, как и для Иуды, и даже больше, потому что она была женщина, а Иисус – мужчина, которого она любила. Не могла не любить – хотя бы просто потому, что Он был таким, каким Он был, самым лучшим человеком на свете; и еще потому, что Он был ее учителем, к которому она пришла добровольно. Пришла – и осталась с Ним. Так почему же *она* не покончила с собой, когда Иисус погиб?

Я не думаю, что Иисус значил для нее меньше, чем для Иуды. Я не думаю, что она любила Его меньше, чем Петр. Я не допускаю, что она была женщиной, лишенной эмоций. Я считаю, что она обладала ясным умом и сильной личностью. Только этим можно объяснить, почему в то время, когда для женщины было недопустимо жить одной, без родителей или без мужа (разумеется, если она не блудница, а Мария таковой не была) она, единственная из женщин осталась с Иисусом и стала Его учеником. Единственная женщина среди мужчин...

Я не думаю, что она была женой Иисуса. Если бы это было так, это наверняка было бы упомянуто в каком-нибудь манускрипте. Я также не думаю, что она была Его тайной женой. В том, чтобы их брак сохранять в тайне, смысла не было; они оба были взрослыми людьми, а для взрослых людей быть женатыми – только нормально[7]. Кроме того, Иисус никогда не выступал против института брака. Историки утверждают, что у Его учеников были жены и семьи; это ведь просто *нормально*, иметь жену и семью. И все же Иисус женат не был.

Скорее всего, Ему просто не хватило времени, чтобы жениться на Марии из Магдалы. У Него не хватило ни времени, ни сил, чтобы жениться или чтобы хотя бы подумать о семейной жизни. Слишком тяжелым оказалось давление Системы. Кроме того, Иисус знал, что идет на смерть; как же Он мог позволить себе взять на себя ответственность за женщину, тем более ту, которую любил? Он был весь в своей работе, весь в проблемах, которые Ему предстояло решить... Весьма типично для мужчины.

И есть еще одно. Существует единственная вещь в мире, которая удержит женщину от самоубийства, невзирая на все то, что творится вокруг нее, и даст ей силы все преодолеть и сделать невозможное. В ситуации Марии все становится на свои места, если предположить, что она ждет ребенка от мужчины, которого любит, от Иисуса.

Мы все живые люди. Мы все имеем чувства и реагируем на происходящее. У нас у всех есть гормоны, которые влияют на наше поведение. И мы все, находясь в состоянии стресса, ищем спасения в любимом человеке. А когда нам совсем плохо, нам вообще нет дела ни до традиций, ни до условностей, ни до правил, ни до документов. Мы просто прижимаемся к груди любимого и прячемся в нем от бед и от всего враждебного мира. Или *в ней*.

Иисус не был склонен к гомосексуализму, иначе его обращение с женщинами было бы иным. А Мария Магдалина была с Ним рядом, и она Его любила. Было бы странно и неестественно, если бы что-нибудь было по-другому.

Но женщина, носящая в себе ребенка от любимого мужчины, способна на многое.

11

Итак, Иисус умер, и Мария Магдалина знает, что чудо не произошло. Предсказанное не осуществилось. Все оказалось напрасно. *Все было напрасно? И Иисус погиб ни за что?!!! Нет! Не будет такого!* И она принимает решение своими руками сделать ожидаемое и предсказанное Иисусом чудо[8].

Мария Магдалина нанимает людей, скорее всего, бродяг, которые ничего никому не расскажут (хотя бы потому, что с ними никто не будет разговаривать). Они должны отвалить камень от пещеры, в которой захоронен Иисус и перезахоронить Его в другом месте, которое она им укажет. Почему бродяг? Потому что, во-первых, они удовольствуются малой платой, а во-вторых, их не особенно волнуют правила и традиции, коль скоро речь идет о деньгах. Кроме того, есть еще одна причина. Понимаете, Иисус был личностью, может быть, известной в определенных кругах, но Он не был настолько выдающейся личностью среди своих современников, чтобы Его знали *все*. Это уже *потом* Он стал *настолько* знаменит. А вот казнь на кресте была в те времена достаточно обыкновенным явлением. Так что эти люди могли просто не знать, о ком идет речь, а если и знали, то им это было глубоко безразлично.

Возможно и то, что Мария Магдалина договаривалась не с несколькими бродягами, а с одним человеком, который руководствовался вышеназванными причинами. Он согласился выполнить работу за обусловленную плату, какие бы причины Мария не назвала. Не все люди интересуются политикой, знаете ли. На самом деле, мне легче представить себе ее беседующей с одним приличным человеком, чем с группой бродяг.

Деньги, чтобы расплатиться с ними, Мария, скорее всего, взяла из общей кассы. Они были действительно близки, эти трое: Иисус, Мария Магдалина и Иуда Искариот. Иуда полностью доверял ей – имея в виду, что он не стал бы прятать от нее сумку с общей кассой.

Скорее всего она хранилась в каком-то потайном месте, о котором не знал никто, кроме них троих.

Может быть, именно с этим связано утверждение о воровстве Иуды? Сумка с деньгами (или деньги из нее) исчезли, значит, он их украл.

Эти люди (или этот человек) должны были выполнить работу в субботу (что маловероятно, учитывая традицию субботы) или в воскресенье утром, что более вероятно. В таком случае понятно, почему Мария Магдалина ушла вперед, оставив позади своих спутниц. Она должна была убедиться в том, что на месте погребения все готово. Если бы что-то еще готово не было, она нашла бы предлог, чтобы задержать женщин настолько, насколько нужно, или они пришли бы еще раз позднее.

Работа была сделана во-время. Мария расплатилась, и они ушли. Опасаясь, что ее видели беседующей с незнакомцем, Мария придумывает легенду о садовнике, под видом которого ей явился Иисус:

> *«Сказав сие, обратилась назад и увидела Иисуса стоящего; но не узнала, что это Иисус.*
> *Иисус говорит ей: жена! что ты плачешь? кого ищешь? Она, думая, что это садовник, говорит Ему: господин! если ты вынес Его, скажи мне, где ты положил Его, и я возьму Его.» (Иоанн 20:14-15)*

Объяснение было принято и заняло свое место в истории. А может именно садовник и был тем человеком, который перезахоронил Иисуса. Во всяком случае, если бы я стала искать останки Христа, опираясь на эту версию, я стала бы это делать в пределах получаса ходьбы от места Его первого захоронения. Иначе эти люди просто не успели бы выполнить свою работу.

И тут Мария Магдалина рассказывает легенду о воскрешении Христа. Ей явился Ангел (или сам Иисус) и сказал, что Иисус Христос на самом деле воскрес. Мария потрясена, женщины, сопровождавшие ее ахают, охают и всплескивают руками.

Обратите внимание, только *она* видела Ангела (или Христа, по другой версии), который сообщил ей о воскрешении, *ни одна другая женщина* при этом не присутствовала. Затем женщины все вместе возвращаются туда, где они живут, и рассказывают историю о воскрешением Христа Его ученикам[9].

Для Петра приходит момент выступить вперед. Вы помните, у него быстрый и живой ум торговца. Он должен быть в состоянии очень быстро ориентироваться в ситуации и принимать решения, которые окажутся наиболее для него выгодным.

Петр любит Иисуса, пусть даже Его больше нет в живых. Из соперников осталась только Мария Магдалина. И еще Петра гложет совесть за его собственное предсказанное Иисусом троекратное предательство.

Петр принимает подачу. Вскоре он заявляет: ему тоже явился Иисус. Он тоже Его видел и разговаривал с Ним. Более того, Он просто *явился* Марии Магдалине, но Он *разговаривал* с Петром. Он троекратно спросил Петра, любит ли он Его, Иисуса, и Петр трижды это подтвердил – конечно же он любит Его! Тогда

Христос назначает его самым главным среди своих учеников[10].

Кто из учеников Иисуса будет сомневаться во всемогуществе Спасителя, если Он сам готовил их к такому повороту событий, и есть уже два очевидца Его воскрешения? К тому же, тела Христа в захоронении действительно нет. Оно исчезло, оставив на месте ткани, в которые было завернуто при погребении.

12

И люди начинают видеть чудесные явления Христа. Его видят ученики, прохожие, случайные люди; люди, уверовавшие в Христа; люди, просто слышавшие рассказы о Нем. Кто-то придумывает эти истории, другие видят Его действительно.

«Психическая инфекция проявляет себя быстро и решительно, охватывая молниеносно огромные круги населения», [15]

писал А.Л.Чижевский о подобных явлениях, которые не раз проявляли себя в истории человечества.

13

А у нас возникает следующая загадка. Если мы хорошо знаем, что делают после смерти и «воскрешения» Иисуса Петр и другие ученики, то Мария Магдалина полностью исчезает со сцены. Про нее ничего не известно. Впечатление такое, что она попросту растворилась в воздухе.

Может, она именно это и сделала? То есть, просто исчезла из поля зрения людей, принимавших активное участие в событиях последнего времени? И делает она это именно потому, что так же хорошо знает Петра и его отношение к ней, как и то, что Петр знает цену ее (и своим) словам о чудесном воскрешении Христа. А если она еще при этом в положении и не замужем... В таком случае единственное спасение для нее – бегство. Что она, по-видимому и делает.

Останься она на месте и проявись ее беременность в окружении тех же людей, которые были свидетелями всей этой истории, ее бы объявили блудницей[11] и никакая история о святости Христа не выдержала бы напора общественного мнения. Этого, во-первых, не хотела она сама, а во-вторых, этого никогда не допустил бы Петр, о чем она несомненно знала. А так – Мария Магдалина исчезла, чтобы на новом месте начать новую жизнь.

Деньги для путешествия она взяла из общей кассы. Это не было воровством; это было единственным способом спасти ребенка Иисуса.

14

Версия вторая. На сцене снова появляются Ангелы. Как утверждают некоторые из евангелий[12], именно Ангел ждал Марию Магдалину возле пустой гробницы Христа. Именно Ангел сообщил ей о Его воскрешении. Именно Ангелы возвестили, что однажды Иисус вернется.

Давайте посмотрим, что получится, если мы учтем существование организации, о которой мы с вами говорили в предыдущих главах и членов которой условились называть Ангелами спасения и защиты, Ангелами-хранителями или просто Ангелами.

Ангелы, или члены тайной организации, охраняющей царскую семью иудейского народа, были весьма недовольны деятельностью Иисуса. Если бы Он занимался тем, что пытался объединить народ и поднять его на восстание, чтобы вернуть стране независимость, это было бы понятно. В этом случае они, вероятнее всего, поддержали бы Его, в том числе материально. Однако Его деятельность как целителя и проповедника не могла принести пользу израильтянам; так что эта деятельность не вызывала у них желания поддержать Его. От такого царя, буди он открыто провозглашен таковым, иудейскому народу можно было ожидать только неприятностей.

Его целительские способности удивления не вызывают; Его предшественники славились тем же. Что же до дара ясновидца, то если бы это помогло вернуть иудейскому народу государственность и независимость – ему бы цены не было. Но не нужно быть ясновидцем для того, чтобы понять, что при римском господстве над регионом иудейский народ не ждет ничего хорошего. Религиозная же проповедь Иисуса может только усугубить тяжелое положение народа и повлечь за собой дополнительные репрессии со стороны римлян. Решение принято, и Ангелы исчезают из жизни Иисуса.

Знал ли Он вообще об их существовании? Скорее всего, нет. Если бы Иисус оказался именно *таким* царем, которого они ждали, они несомненно проявили бы себя. Но поскольку Иисус еще в детстве проявил себя *странным*, они остались в тени.

Хотя Ангелы не переставали издалека наблюдать за Его деятельностью, они прекратили финансовую поддержку, которую ранее иногда оказывали Его родителям[13]. Иллюстрация весьма наглядна: если во время путешествий Марии и Иосифа, а так же в детские годы Иисуса нет никаких упоминаний о материальных затруднениях, то во время Его последних странствий эти проблемы становятся весьма заметными.

Иисус арестован и распят. Его хоронит Иосиф из Аримафеи. В этот момент Ангелы могли – и должны были! – появиться снова. Что бы ни произошло за последнее время жизни Иисуса, Он – *последний царь колена Давидова*. Другого нет и быть не может; Иисус не женат, и наследника не будет[14]. Больше нет смысла хранить для Него сокровища; предводителя иудейского народа придется искать в другом месте.

И все же необходимо отдать последний долг царской крови. Последний царь иудейского народа – настоящий царь! – должен быть похоронен, как полагается, с соблюдением всех почестей. Думаю, вы согласны со мной, это весьма веская причина для того, чтобы вскрыть могилу.

Пятница. Ангелы наблюдают за казнью и собираются на Совет. Ситуация экстраординарная, и надо срочно решать, что делать.

Рано утром в воскресенье, допустим, часа в три-четыре, когда только начинает светать, несколько

Ангелов приходят к пещере. Они откатывают камень, вынимают тело Христа из гроба и снимают ткань, в которую было завернуто Его тело. Царь должен быть похоронен согласно ритуалу и покоиться в одеждах, достойных его титула[15].

Ангелы подготавливают к погребению тело Христа со всеми полагающимися царю почестями, облекают соответственно сану и заново заворачивают. Потом они маскируют тело под… ну, не знаю, как они его замаскировали. Главное, что они маскируют тело и увозят Последнего Царя к месту Его последнего успокоения.

На месте раскрытой могилы остается один из Ангелов, чтобы сообщить тем, кто придет навестить эту могилу, о воскрешении Христа. Они ведь во что-то такое верили, Его ученики и последователи? Вот пусть и верят дальше. Во всяком случае, никто не будет искать царя по дороге к его последнему пристанищу, и никто и не потревожит Его покой.

Вскоре, как и ожидалось, приходит Мария Магдалина, и эта версия выдается ей готовой. Мария Магдалина, в свою очередь, принимает версию. Они или верит ей, или понимает все плюсы ее существования. История полностью совпадает с предсказанием Иисуса и обещает Ему вечную славу. Более того, история поддерживает учение Христа и вносит туда дополнительный вклад, выводя событие за пределы возможного. *Предсказанное чудо произошло.*

15

Вот тут, если мы примем эту версию в качестве рабочей гипотезы, возникает интересный вопрос: куда

Ангелы увезли хоронить тело Иисуса? Ангелы были людьми умными; они привыкли проводить анализ ситуации и просчитывать отдаленные последствия поступков; плюс к этому они обладали практически неограниченными ресурсами. Таким образом у них была возможность доставить тело практически куда угодно. Ограничения составляли лишь температура внешней среды и сроки декомпенсации тела; запах разлагающейся плоти неизбежно привлек бы внимание к повозке. А шли уже третьи сутки с моменты смерти Иисуса...

Место нового захоронения Иисуса должно было иметь особое значение, иначе, в принципе, все ритуалы царского погребения можно было бы провести на месте первоначального захоронения. После проведения ритуалов можно было оставить тело на месте и снова задвинуть камень. Маловероятно, что кто-то пойдет грабить или откроет могилу нищего, казненного на кресте, или просто могилу бедного человека, какой она выглядела.

Но если мы примем, что последнего царя везли к его сокровищам... тогда я, кажется, знаю, как можно найти легендарный клад, останки Иисуса и рукописи, подтверждающие эту историю.

16

А что же с Марией Магдалиной? А Мария, воспользовавшись общим смятением и неразберихой, исчезает. Для своего бегства она использует оставшиеся в общей кассе деньги. А где еще она могла найти средства для путешествия? Исчезновение общих денег, как я уже говорила, служит доказательством воровства Иуды Искариота; клеймо предателя и вора закрепляется за ним навечно.

Версия, по которой Мария Магдалина уезжает во Францию, что приносит ей известность, является возможной, но маловероятной. Маловероятной, потому что в таком случае она неизбежно привлекла бы к себе внимание других апостолов, в том числе и Петра; это как раз та ситуация, которую она старается избежать. Мария сделала все, чтобы прославить имя Христа, и совсем не в ее интересах было Его развенчивать. Ну, а если еще учесть возможность мести или преследования (безразлично с чьей стороны и из-за чего), то это было бы просто опасно и для нее, и для ее будущего ребенка.

Таким образом, чтобы не привлекать к себе внимания, Мария Магдалина должна была сказаться вдовой, муж которой убит то ли римлянами, то ли кем-то другим, а может погиб во время путешествия; такие случаи и истории в то время были достаточно распространены, ими трудно было кого-либо удивить. Это был лучший способ затеряться в массе народа.

Ангелы ее тоже не искали; на самом деле она их вообще не интересовала. Ангелы определенно не подозревали о том, что она беременна и что отец ее будущего ребенка – Иисус. Очевидно, она присоединилась к группе Иисуса незадолго до описываемых событий, и они попросту не обратили внимания на ее появление, а если и заметили, то не придали этому значения.

Кроме того, Ангелов очень раздражала вся эта активность Иисуса с пророчествами, проповедями и исцелениями. Они выжидали, и наблюдали, и тянули время... и не были особенно внимательными. Поэтому они не заметили отношения, возникшие между Иисусом и Марией Магдалиной.

Ангелы были умными людьми, но они был всего лишь людьми; они тоже допускали ошибки. Что больше – никто не ожидал такого поворота событий и такого быстрого их развития. Никто из Ангелов не подозревал, насколько страшным может оказаться давление, оказываемое Системой на человека.

А родилась у нее девочка, которой она могла рассказать, кто ее отец, а могла и не рассказать всю правду, что более вероятно. Она чувствовала необходимость защитить свою дочь и обезопасить ее будущее, поэтому сомнительно, чтобы она рассказала девочке правду о ее отце. Человек не может навлечь на себя беду, связанную с его происхождением, если сам не знает, от кого он происходит.

К тому же, если бы это был мальчик, он мог бы захотеть отомстить за своего отца или пойти по Его стопам. Он был бы более настойчив в своих расспросах, а девочка… После гибели Иисуса положение женщин в мире изменилось совсем не так быстро, как Он хотел, и совершенно не в том направлении.

Примечания:

1.   Известно, что некоторым из учеников Иисус сказал «*Следуй за Мной.*» Повинуясь приказу, эти люди следовали за Иисусом постоянно и продолжили Его работу после Его смерти. Впоследствии они стали основой христианства, и мы называем их теперь апостолами.
      Другие, в частности, Иуда Искариот и Мария Магдалина, присоединились к группе добровольно. Впоследствии они действовали иначе, чем большинство членов группы. В отличие

от остальных, эти двое сохранили свободу воли и сделали свой собственный выбор.

2. Эта сцена невероятно хорошо описана у Иоанна. В дальнейшем описании я использую его версию.

3. Обратите внимание, место и время встречи были определены заранее, поэтому на Тайной вечере уже не было необходимости это уточнять. Иуда Искариот знал куда и к какому времени привести стражу, а Иисус – когда и куда идти им навстречу.

4. В евангелие от Марка приведена интересная деталь: во время ареста Иуда Искареиот говорит:

«... возьмите Его и ведите осторожно.» (14:44-45).

Он и в этих условиях пытается оградить и защитить Иисуса.

5. Второзаконие 21:22-23

6. Иоанн 19:40

7. Кстати, тот факт, что Иисус в возрасте (предположительно) 33 лет еще не был женат, представляется не вполне естественным, однако может быть объяснен Его статусом миропомазанника. Он мог жениться позже, но жениться следовало на подходящей девушке.

8. У меня нет доказательств тому, что Мария Магдалина поступила именно так. Я пишу, что сделала бы я, окажись я на ее месте.

9. Версии этой части в евангелиях расходятся, см. Матфей 28:1-8; Марк 16:1-10; Иоанн 20:1-18; Лука 24:1-10

10. Иоанн 21:14-17

11. Тем не менее, церковь Петра все равно назвала ее блудницей.

12. Матфей 28:2-7; Марк 16:5-6; Лука 24:4-6

13. Мы полагаем, что все контакты происходили через Иосифа. В этой истории он действует, как наиболее информированное лицо; Ангелы разговаривают с ним о женитьбе на Марии, о путешествиях, о рождении ребенка и пр.

14. Примечательно, что братья и сестры Иисуса, упомянутые в евангелиях, не удостаиваются никакого внимания Ангелов. Это является еще одним подтверждением того, что Иисус в младенчестве прошел через обряд мирропомазания. Его дети были бы важны, но младшие дети Марии – вряд ли. К тому же они не получили должного воспитания и уже имели семьи; возможно тут играло роль еще и то, что они не смогли бы сохранить секрет... А может быть, тут были и другие причины? В любом случае, этот вопрос является предметом отдельного исследования, которое, возможно, будет проведено в будущем.

15. И тут мы получаем превосходное объяснение, почему в пещере остались плащаница, в которую было завернуто тело Христа при «первом» погребении.

Заключение

Мы приближаемся к концу истории. Отсюда берет свое начало эпоха христианства. Ее базисное формирование заняло около двухсот лет, а окончательное не завершено и по сию пору. На сегодняшний день в мире существует огромное количество конфессий христианского направления, и сторонники каждой из них утверждают, что только их видение и понимание христианства является единственно правильным. Впрочем, как мы уже говорили, вопросы веры невозможно рассматривать с точки зрения логики.

Если мы оглянемся назад и посмотрим, что же произошло за те 2000 лет, которые прошли со времени событий, ознаменовавших собой начало образования христианской религии, то невольно бросается в глаза, как много людей погибло и было убито из-за своих религиозных убеждений и различий в них. Мученичество первых христиан; смерти паломников и смерти, связанные с появлением и движением крестоносцев; Варфоломеевская ночь; инквизиция и костры, на которых сжигали колдунов и ведьм — не важно, были ли они таковыми на самом деле или нет; Великий раскол христианской церкви в 1054 году[1], Реформация[2], Никонианский раскол[3], Сергианский раскол[4]... События, уносившие жизни людей еще в XX веке[5].

Все это явилось следствием учения, призывающего к миру и толерантности; учения, ради которого Иисус закончил свои дни таким страшным образом

А кстати по поводу Великого раскола, вам не кажется странным, что он вообще произошел? Как мы знаем, в Иерусалиме Иисус проповедовал всем равно: и своим иудейским ученикам (впоследствии названным апостолами), и всем прочим, в том числе членам греческой общины, от которых, собственно, и произошло православие. Причем в православной традиции роль и значение апостолв, конечно, признают, но...

Почему-то дороги этих двух в общем-то аналогичных концепций разошлись. Несомненно должна была существовать причина, по которой христианское движение, начатое Иисусом Христом в Иерусалиме, разделилось на две ветви по признаку национальной и культурной принадлежности Его учеников.

Более того, церкви не просто разделились и продолжают существовать параллельно, развиваясь каждая в своем направлении и считая путь другой стороны ошибочным, но в их отношениях присутствует явное взаимное неприятие. Причем негативное отношение заметно ярче проявляется со стороны православия.

Что же легло в основу этого конфликта? Может быть, под толщью веков погребена очень простая и очевидная причина, вызвавшая его, а вся ситуация напоминает расходящиеся от брошенного камня круги на воде: чем дальше от места падения – тем больше круг? Давайте-ка попробуем разобраться и в этом вопросе.

Известно, что наиболее сильные и продолжительные реакции людей связаны с действиями и событиями, наносящие травму личности человека или травмирующие его чувства. В таких случаях негативное отношение сохраняется надолго, если не навсегда, а иногда даже становится со временем еще сильнее. Так какой же личностный элемент мог иметь место тогда, 2000 лет назад в Иерусалиме, вызвавший негативное отношение греческих учеников Иисуса к Его же ученикам иудейского происхождения?

Да, я имею в виду Петра (Симона). Не испытывая к нему личной симпатии, которая могла возникнуть у других учеников Христа за время совместных странствий, греческая община не приняла личностные характеристики Петра (Симона). Как мы уже говорили, чтобы преуспеть в любой профессии необходимо иметь определенный склад ума и характера. Торговое мышление, присущее некоторым людям и являющееся залогом нормального функционирования общества, шло вразрез с учением Христа, проповедовавшем скромность и бескорыстие. К числу людей, обладавших таким складом ума, принадлежал и Петр (Симон).

И все же эта причина оставалась вторичной по отношению к главному источнику неприязни, состоявшей в действительной природе чувств, которые Петр (Симон) испытывал к Иисусу. Это бросалось в глаза всем посторонним, как это происходит и в нашем современном обществе, и такое положение с точки зрения мужчин того времени[6] было далеко от приемлемого. Причем тут даже не имело значения, понимал ли сам Петр природу своих чувств или нет.

Никто из учеников Иисуса не хотел бросать тень на Спасителя, но и делать вид, что ничего не замечает, вряд ли было возможно – да и необходимости в этом не было. Так что элемент личных чувств в отношениях учеников бесспорно имел место, а отношение к людям память человеческая хранит долгие годы, хотя бы и причина давно позабылась.

Мы переходим к следующему пункту, на который я хочу обратить ваше внимание, а именно на положение женщин в обществе. В странах, где католицизм стал господствующей религией, положение женщин в обществе еще и сегодня далеко от равноправия[7]. Женщина и по сей день остается существом подчиненным мужчине и предназначенным для того, чтобы его (ее) использовали. Примерно такое же положение, хотя и в значительно меньшей степени, наблюдается в странах, где господствующей религией является лютеранство / протестантизм, вышедший из католицизма.

Добавим сюда целибат[8] католических священников: Петр не терпел женщин с их сексуальностью. Она вызывала у него особенно сильное отвращение еще и потому, что он сам испытывал сильное чувство к мужчине, к Иисусу, но не имел воможности удовлетворить свое чувство – впрочем, как я уже говорила, Петр (Симон) мог и сам не догадываться об истиной природе своих чувств[9].

Вся нереализованная сексуальность Петра нашла выход в религиозном фанатизме; гормональные процессы в организме человека нельзя отменить или изменить просто по своему желанию. В то же время негативное отношение Петра к женщинам сохранилась. Это унаследованное католической церковью отношение к женщинам пережило тысячелетия и поработило миллионы людей, в первую очередь – женщин.

Общее отношение к женщинам в православии намного более толерантно, несмотря на то, что для православной церкви в целом характерны гораздо более строгие установления и правила. То же самое может быть сказано и в отношении стран с преобладающим православием: в этих странах женщины занимают намного более равное с мужчинами положение в обществе.

Раз уж мы заговорили о личностных характеристиках Петра, нашедших свое отражение в последующем развитии церкви, то нельзя не вспомнить о его менталитете торговца, унаследованном католицизмом. Именно в католической церкви была введена доктрина о сверхдолжных заслугах святых[10] и возможности папы и духовенства свободно распоряжаться этой сокровищницей добрых дел для облегчения оправдания верующих. В средние века эта доктрина послужила основой для торговли индульгенциями[11].

Что же касается лично Петра, то у нас есть косвенное подтверждение тому, что он сознательно солгал, рассказывая о первом явлении Христа, которое произошло сразу после Его «воскрешения». Если вы помните, в тот раз Иисус простил ему троекратное отречение (*Иоанн 21:17*) и назначил «самым главным» среди учеников[12].

Но видите ли в чем дело, даже во время Тайной вечери Иисус не уделяет большого значения будущему отступничеству Петра. Он просто *упоминает* об этом, как о не заслуживающей внимания мелочи. Он думает об ожидающем Его ужасе, через который должен пройти. Иисус разговаривает с ученикам и отдает распоряжение Иуде Искариоту сделать то, что считает необходимым[13].

Ученики потрясены словами Иисуса о предстоящем предательстве (Иуды Искариота) и поражены Его действиями; Иисус в первый раз творит обряд евхаристии. Таким образом, единственный человек, для которого эти слова Иисуса имеют решающее значение – сам Петр (Симон).

Позже, уже после смерти Иисуса, Петра начинают терзать муки совести; он и в самом деле трижды отрекся от Иисуса, в точности, как Он сказал. Может быть, при этом также присутствовали другие ученики, которые тоже слышали Его слова и могли впоследствии вспомнить об этом. Однако самое страшное – Петр и в самом деле любил Иисуса и *сам* не мог простить себе собственное предательство. *Он никогда этого не хотел и не имел в виду, просто в тот момент возобладал инстинкт самосохранения, он ведь так испугался!..* Ему *необходимо было* ощутить себя прощенным – и он лжет о видении Иисуса и о Его разговоре с ним. Прощение Иисуса значит для Петра настолько много, что он раз за разом повторяет эту историю до тех пор, пока сам не начинает в нее верить.

Но пришло время, когда Христос действительно явился Петру. Это произошло намного позже, в самом конце его жизни. Давайте вспомним, как это произошло.

Согласно легенде, в то время Петр проповедует в Риме и создает христианскую общину, навлекая при этом на себя неудовольствие властей. Послушавшись своих учеников, предупредивших его об опасности, Петр ночью покидает Рим. Вскоре после того, как он вышел за городские ворота, Петр встречает Иисуса Христа, и обращается к нему с вопросом:

«Куда идёшь, господи?» (лат.: «Quo vadis, Domine?», Деяния Петра)

и слышит в ответ:

«В Рим, чтобы быть снова распяту,» (лат.: «Eo Romam iterum crucifigi», там же)

С этими словами Христос возносится на небо, а Петр понимает эти слова как предсказание своей собственной мученической смерти и возвращается в Рим. Здесь он схвачен, брошен в тюрьму и приговорён к смерти на кресте. Не желая оскорбить Бога, уподобившись Ему в роде смерти, Петр просит распять его вниз головой. Будучи распят, Петр обращается к народу с проповедью тайны креста: крест обращённый (перевёрнутый) – символ Адама, грехопадение которого извратило божественный строй, а прямостоящий – символ Христа, восстановившего этот изначальный порядок; вертикальный устой крестного дерева символизирует *логос*, слово, божественное в богочеловеке, а горизонтальная перекладина – человеческую природу в нём. Окончив проповедь, Петр умирает.

Короткая, полная противоречий история, описывающая конфликт человека с самим собой.

Но ведь это же полная бессмыслица! Да как же мог Петр отнести слова Христа *«Чтобы быть снова распяту,»* к самому себе, если тут же он говорит о том, что не может позволить себе даже казнь принять тем же способом, как Бог, и поэтому просит распять себя вниз головой?!! Нет, причины мотивы действий Петра были совершенно иными. Не так всё было.

Правильно, всю свою жизнь Петр проповедовал учение Христа – так, как он сам его понимал, и так, как мог. И ученики действительно могли предупредить Петра о готовящемся аресте, почему он и покидал Рим. И я действительно верю, что Христос в самом деле явился ему за городскими воротами, и действительно состоялся этот разговор, дошедший до нас со всеми подробностями. Это и было первое и единственное явление Христа Петру.

Невозможно не обратить внимания, что при этой встрече Петр ведет себя, странно, как человек, который совершенно потрясен происходящим и находится в шоковом состоянии. Понимаете, только естественно спросить при встрече соседа или приятеля, которого ты видишь каждый день: «Привет, ты куда идешь?» Но задать такой вопрос *Богу*, когда внезапно видишь Его, спасаясь бегством?.. Кто из верующих поступил бы так? Нет, такое поведение никак нельзя признать нормальным.

Мы можем объяснить и оправдать такое поведение Петра только одним: тем, что он был глубоко потрясен и вел себя так, как в большинстве случаев ведет себя человек, находящийся в состоянии растерянности и шока, т.е. крайне нелогично. Строго говоря, вопрос Петра полностью лишен смысла: *«Куда идешь, господи?»* как будто это могло иметь в тот момент какое-нибудь значение для него или (тем более!) для Бога. Не будь Петр так потрясен, он сделал бы то, что сделал бы любой верующий перед дальней дорогой в минуту опасности: *он попросил бы благословения.* Но в момент большого потрясения люди обычно совершают глупые и странные поступки, которым сами удивляются, вспоминая о них впоследствии. То, что Петр задал этот вопрос, как и сам вопрос, однозначно принадлежит к этой категории поступков.

И все же Петр задает свой вопрос и получает на него ответ: *«В Рим, чтобы быть снова распяту,»* — слова, которые он *никак* не должен был воспринять на свой счет. В тот момент Христос говорит *только и исключительно о себе.* Он *уже был* распят однажды, *и будет распят* снова.

Явление Христа потрясает Петра. Когда подобные вещи происходят, они не могут не потрясти человека. Внезапно в его памяти всплывает та давняя история, впервые рассказанная вскоре после «воскрешения» Христа и повторенная впоследствии так много раз. Петр повторял ее так часто, что почти убедил себя сам в ее правдивости. Но сейчас он вспоминает, что *не было* никакой истории, *ничего* тогда не было, *он все это придумал. Он солгал о своем Боге,* пусть даже руководствуясь лучшими соображениями. И тут Петру становится страшно. Он понимает, что действовал *не правильно, что он совершил обман, о котором известно Богу и о котором он знает сам*. Петра охватывает глубокое отчаяние; он полон раскаяния – и он возвращается в Рим. Он возвращается, чтобы понести наказание за то, что сделал в отношении своего Бога.

Все время, оставшееся до казни, посвящено мучительным раздумиям. Петр вспоминает всю свою жизнь, прокручивая ее в память снова и снова – *что еще он сделал не так, как учил Христос?* В разговоре с ним Иисус не сказал ни одного теплого слова, ни одного слова одобрения. Христос просто ответил на его вопрос – и значение Его слов относилось к самому страшному событию, случившемуся до тех пор: к распятию, означавшему мучения и смерть Христа.

Результаты размышлений приводят Петра в ужас. Он и в самом деле исказил учение Христа – и прежде всего, потому что он солгал о Нем. Однако ни изменить, ни исправить теперь уже ничего нельзя; основы христианства заложены, у Его учения уже есть последователи в разных странах. Заяви Петр, что Иисус явился ему *только сейчас*, а не *тогда*, что он, Петр, солгал тогда и продолжал лгать все это время, что осталось бы от легенды и от учения?.. И ему в голову приходит страшная мысль; он решает наказать себя самым страшным способом, какой только может придумать. В его голове возникает концепция перевернутого креста.

И тут мне приходится сделать еще одно отступление. Понимаете в чем дело, символ креста известен с древнейших времен и существует в огромном количестве ранних традиций. Но ведь крест-то был *равносторонним*! То есть все четыре его конца были равной длины. Крест на высокой ножке применялся римлянами для казни преступников, и его форма и размеры были связаны с анатомическими особенностями строения тела человека. Кроме того, с креста такой формы было бы сложнее спуститься, если у кого-то из распятых или их друзей возникнет идея о бегстве. И еще крест такой формы изготовить и установить проще и дешевле. Все, чисто практические соображения, ничего больше, никакого сакрального смысла.

Но именно такой крест появляется в воспаленном воображении Петра. Если прямостоящий крест, на котором был распят Христос, указывал дорогу в Царствие Небесное, куда вознесся Спаситель, то перевернутый крест, соответственно, должен был указывать дорогу в противоположном направлении, в ад. Таким был ужасный приговор, вынесенный Петру самым безжалостным судией, им самим. За свою ложь Богу и о Нем, Петр приговаривает себя к вечным мучениям в аду. Он требует распять себя вниз головой, указывая самому себе направление, куда должна была отправиться его душа.

Перед смертью Петр пытается рассказать о своих мыслях тем, кто присутствует при казни, стараясь объяснить самого себя – настолько, насколько он может себе это позволить.

Лучше бы он промолчал! Этим было положено начало сатанизму; дорога в ад была указана. Иисус Христос действительно оказался распят в Риме во второй раз.

Я не сомневаюсь, что Христос действительно явился Петру, как являлся многим до и после него. Система, о которой мы с вами уже говорили, устроена таким образом, что человек, обладающий таким энергетическим потенциалом, каким обладал Иисус, плюс подкрепленный верой в Него адептов, превращается в своего рода защитную программу[14, 15]. Когда верующий искренне обращается к нему или к ней (имея в виду Бога, Богоматерь, святых, апостолов, мучеников и др.) с мольбой о защите, программа действительно оказывается в состоянии защитить человека от определенных внешних возмущений. Ну, а дальше – я имею в виду явление божества или святых верующим – это уже вопрос веры, визуализации и силы воображения. Естественно, при наличии здоровой психики.

Что же касается христианства… Здание, построенное на кривом фундаменте, хотя и даст укрытие от непогоды, все же не будет стоять ровно и подвергается опасности со временем развалиться. Что-то такое, к сожалению, произошло и с христианством; именно в связи с этим в нем сейчас существует так много различных направлений, и именно поэтому они далеко не всегда толерантны по отношению друг к другу.

Были и есть люди, провозглашающие хорошие идеи, а делающее совершенно противоположное – в христианстве так же, как и в любой другой религии и так же, как среди людей нерелигиозных и неверующих.

Приходится также с сожалением констатировать, что даже сейчас, спустя 2000 лет после описываемых событий, существуют фанатики от христианства, которые и сегодня готовы уничтожить каждого, кто высказывает мнение, не совпадающее с их взглядами, с тем же энтузиазмом, с каким 2000 лет назад толпа кричала: «*Распни Его!*», поддерживая правящую церковь и сражаясь против новых идей и альтернативных взглядов в тщетной попытке задавить их и остановить прогресс.

Да, есть 10 заповедей, которые по идее должны были изменить мир к лучшему. Да, существуют записи учения Христа, которое должно было способствовать тому, чтобы был построен новый, более гуманный мир – и вполне возможно, что это действительно произошло. Но сколько людей погибло во имя слов «*Не убий*»?..

По счастью, есть, всегда были и всегда будут люди, способные формировать новые идеи и создавать альтернативные точки зрения. К счастью, всегда есть, были и будут люди, обладающие широтой мировоззрения и готовые их поддержать. По счастью, люди способны учиться и менять свои взгляды и убеждения – и таким образом происходит прогресс человечества.

Ну, а что касается сокровищ, то они никак не могли перейти ни в церковь Петра, ни в греческое православие, ни к рыцарям-тамплиерам. Ангелы (если они вообще были) отнюдь не поддерживали ни христианство, ни его приверженцев. И если уж они не помогли Христу, который так никогда и не стал царем Иисусом, то что могло заставить их передать сокровища людям, по вине которых Он погиб? С точки зрения Ангелов, если бы эти люди не оказали поддержку Иисусу в Его странных и ненужных идеях, вполне возможно, что в один прекрасный день Он вернулся бы к нормальной жизни, женился и родил бы нового царя, который послужил бы израильтянам лучше своего отца.

Так что сокровища и до сих пор лежат в потаенном месте, дожидаясь того часа, когда их найдут. Возможно там же покоятся останки Иисуса Христа и рукописи, рассказывающие правду о присхождении и жизни Иисуса из Назарета, последнего царя колена Давидова.

Примечания:

1. Раскол христианской церкви в 1054 году, или Великий раскол – церковный раскол, после которого окончательно произошло разделение Церкви на Римско-католическую церковь на Западе с центром в Риме и Православную – на Востоке с центром в Константинополе.
2. Реформация – религиозное движение, возникшее в Германии в начале 16 веке и направленное на реформирование учения и организации христианской церкви. Реформация быстро распространилась на большой части Европы и привела к отделению от Рима и образованию новой формы христианства, впоследствии сформировавшейся в лютеранство, пртестантизм и др.
3. Разделение Русской православной церкви в XVII веке на никониан и староверов.
4. Разделение Русской православной церкви в XX веке на сергиан и истинно-православных христиан.
5. В данной работе рассматриваются вопросы, связанные исключительно с христианством, поэтому иные конфликты на религиозной почве не упоминаются.
6. Имеющие гетеросексуальную ориентацию мужчины нашего времени такое поведение тоже не приветствуют.

7. Имеется в виду более низкая заработная плата при той же работе, меньшее число женщин, имеющих определенные профессии и занимающие руководящие и ответственные должности на предприятиях и в обществе и пр.

8. Обязательное безбрачие католического духовенства; узаконено папой Григорием VII (XI в.), практически утвердилось в XII в.

9. Хочу подчеркнуть, что я не осуждаю Петра (Симона) за то, что он был тем человеком, каким он был. Я описываю ситуацию, никого не осуждая и не одобряя. Кроме того, люди не выбирают свои личностные характеристики, они просто у них есть.

10. Учение состоит в том, что Святые угодники совершили добрых дел гораздо более, чем это нужно для спасения, и что римский папа имеет власть вменять этот излишек добрых дел тем людям, у которых относительно добрых дел ощущается недостаток.

11. Для порядка необходимо, однако, заметить, что индульгенции восточных патриархов, известные под названием разрешительных грамот, продавались за деньги в Малороссии и на Руси в XVII в.

12. В этой связи следует также упомянуть, что православная церковь признает ведущую роль святого Петра в ранний период христианства, особенно в первые дни в Иерусалиме, но не считает его обладающим какой-либо «княжеской» ролью по сравнению с другими апостолами.

13. Хотя кто знает, что произошло бы с миром, если бы это не было сделано? Каким был бы наш сегодняшний мир? Скорее всего, те видения, которые преследовали Христа и толкали Его к распятию, стали бы реальностью.

14. Здесь я намеренно упрощаю объяснения. Для детального понимания необходимо изучать Теорию альтернативного понимания мира.

15. Кроме приведенной здесь ситуаций, мы можем наблюдать, что искренняя вера больших человеческих масс в состоянии сделать «защитной программой» людей, не наделенных особыми способностями, как например Св.Петр, святые апостолы, многочисленные мученики, святые и причисленные к их лику и пр.

23 мая 2006 г.
Svenstrup

Использованная литература

1. Н.В. Пулло. Книга *в трех словах*. http://proza.ru/ texts/2006/12/26-123.html
2. Библия. Синодальный перевод. http://days.pravoslavie.ru/ Bible/Index.htm
3. Павел Вежинов. Однажды осенним днем на шоссе. http://lib. ru/PROZA/WEZHIN/shosse.txt
4. Libby Fairhurst. Jesus walked on ice, says study led by FSU scientist. Florida State University FSU.Com http://www.fsu.com/ pages/2006/04/04/WalkedOnIce.html
5. *Marie-Louise* von *Franz*. Eventyrfortolkning. På dansk ved Hanne Møller (Kbh.): Gyldendal, 1989
6. Евангелие детства от Фомы http://www.vehi.net/apokrify/ detstva.html
7. Таинство Крещения. Православный Катехезис. http://www. saint-george.ru/info/10/43-tainstvo-kreschenia.html
8. В.И.Вернадский. Несколько слов о ноосфере. http://vernadsky. lib.ru/e-texts/archive/noos.html
9. Gospel of Judas, The. http://www.nationalgeographic.com/ lostgospel/_pdf/GospelofJudas.pdf
10. Евангелие от Марии. Библиотека духовной литературы «Сакрум». http://www.sacrum.ru/Christ/maria.htm
11. Евангелие от Фомы. Библиотека «Вехи». http://www.vehi.net/ apokrify/foma.html
12. Посмертные вещания преподобного Нила Мироточивого Афонского. Издание Сретенского монастыря, 2003. http:// www.pravoslavie.ru/sm5/031024180526
13. Энциклопедический словарь Брокгауза и Евфрона. http://enc. mail.ru/encycl.html?encycl_id=brok

14. Деяния св. апостола Петра http://deyaniya.ru/index.php?id_
menu=3

15. Чижевский, Александр. Солнечные пятна и психозы
(Гелиопсихология) http://psyfactor.org/gelio2.htm

Рекомендуемая литература

Башкиров, Владимир, протоиерей, магистр богословия. Праздник Петра и Павла. Минские духовные школы. http:// minds.by/article/108.html

Бехтерев, В. Внушение и его роль в общественной жизни. http:// psyfactor.org/lib/behterev.htm

Бехтерев, В . Психические эпидемии в истории. http://psyfactor. org/lib/behterev2.htm

Бурлешин, Михаил. Тайная жена Иисуса. Газета «Тайная власть», 5/2005 http://www.privatelife.ru/2005/tv05/n5/2.html

Вернадский, В.И. Несколько слов о ноосфере. http://lib.ru/ FILOSOF/WERNADSKIJ/noos.txt

Вольф Мессинг. http://messing.ho.com.ua/pub/

Вольф Мессинг / Wolf Messing. Анна Черкасская. Луна и гроши http://www.peoples.ru/state/divinators/messing/

Всемирная история. http://enc.mail.ru/encycl.html?encycl_ id=whist

Всемирный биографический энциклопедический словарь. http:// enc.mail.ru/encycl.html?encycl_id=biog

Гелиопсихология. Солнечный фактор в нашей жизни. http://psyfactor.org/gelio.htm

Евангелие от Петра. Biblical Studies / Русские страницы. Библиотека Новозаветные апокрифы. http://www.biblicalstudies.ru/Lib/NTApok/EPetr.html

Книга премудростей Иисуса, сына Сирахова, http://www.soborpokrova.ru/bible.shtml?PIS

Максимова, Ольга. Жизнь и смерть Иуды Искариота. Журнал «Наука и религия». «НиР» 2/2008 ONLINE http://www.n-i-r.ru/nir2.php?id_stat=255

Российский энциклопедический словарь. http://enc.mail.ru/encycl.html?encycl_id=res

Солнце: подтверждаются худшие прогнозы. Обозреватель. http://www.obozrevatel.com/news/2006/3/10/96147.htm

Чижевский А.Л. Земное эхо солнечных бурь. Библиотека READALL.RU http://readall.ru/lib_page_readall_106448.html

Чижевский А.Л. Космический пульс жизни. http://www.ionization.ru/issue/iss63.htm

Чижевский, Александр. Физические факторы исторического процесса. http://astrologic.ru/library/chizhevsky/index.htm

Энциклопедия «Мифы народов мира» http://enc.mail.ru/encycl.html?encycl_id=mif

Энциклопедия «Народы и религии мира». http://enc.mail.ru/encycl.html?encycl_id=mif
Acts of Peter, http://wesley.nnu.edu/biblical_studies/noncanon/acts/actpete.htm

Bilde, Per. Gnosticism, Jewish Apocalypticism and Early Christianity. i: In the Last Days, Århus 1994, xx.

Bilde, Per. En religion bliver til: en undersøgelse af kristendommens forudsætninger og tilblivelse indtil år 110. - Frederiksberg : Anis, 2002

Catholic Encyclopedia, The. http://www.newadvent.org/cathen/index.html

Gospel According to Mary Magdalene, The . http://www.gnosis.org/library/marygosp.htm

Gospel of Peter, The. http://www.earlychristianwritings.com/text/gospelpeter-brown.html

Gospel of Thomas. http://www.gnosis.org/naghamm/gosthom.html

Holly Bible, The . 21st Century King James Version. http://www.biblegateway.com/versions/?action=getVersionInfo&vid=48

Infancy Gospel of Thomas, The. http://www.gnosis.org/library/inftoma.htm

Wolf Messing, an enigmatic 'psychic entertainer' whom Sathya Sai Baba claims to have encountered. http://saibaba-invigilator.blogspot.com/2009/07/wolf-messing-enigmatic-psychic.htm